受北京市教委新闻出版专业群建设经费资助

许抄珍 著

西汉传播语境中的《史记》研究

以『一家之言』为中心

研究

中的《史记》

社会科学文献出版社
SOCIAL SCIENCES ACADEMIC PRESS (CHINA)

史记

目　　录

序　论

　　《史记》是一部杰出的历史著作，千百年来，它丰富的文化内涵哺育、影响着一代又一代人。《史记》在中国文化史上的重要意义是有目共睹的，但凡研究中国文化、历史、文学、政治、经济、民族等思想，都离不开它，其在中国文化的意义及地位，绝不亚于六经，正如郑樵所说，"六经以后，惟有此作"①。《史记》的研究历史悠久，且方兴未艾，已经成为了一门专门的学问——《史记》学。历代研究《史记》者，不乏其人，也取得了可喜的、丰硕的成果。

　　"成一家之言"是司马迁自己提出的其撰写《史记》的指导思想。《太史公自序》说："罔罗天下放失旧闻，王迹所兴，原始察终，见盛观衰，论考之行事，略推三代，录秦汉，上记轩辕，下至于兹，著十二本纪，既科条之矣。并时异世，年差不明，作十表。礼乐损益，律历改易，兵权山川鬼神，天人之际，承敝通变，作八书。二十八宿环北辰，三十辐共一毂，运行无穷，辅拂股肱之臣配焉，忠信行道，以奉主上，作三十世家。扶义俶傥，不令己失时，立功名于天下，作七十列传。……以拾遗补艺，成一家之言，厥协六经异传，整齐百家杂语……"②《报任少卿书》又说："仆窃不逊，近自托于无能之辞，网罗天下放失旧闻，考之行事，稽其成败

---

① 凌稚隆辑校《史记评林·读史总评》，天津古籍出版社，1998，第145页。
② 《史记》，中华书局点校本，1982，卷一百三十，第3319～3320页。

兴坏之理，凡百三十篇，亦欲以究天人之际，通古今之变，成一家之言。"① 这表明了司马迁著《史记》的目的是要发表自己的"一家之言"。如今，"一家之言"已成为《史记》研究者探讨的核心问题之一。下面将按时代顺序对司马迁"一家之言"的研究史作一个简要的回顾。

一 "一家之言"研究史回顾

（一）清代以前的《史记》"一家之言"研究

清代以前司马迁"一家之言"的研究成果，主要出现在一些序言、随笔、札记和批注里，大多评论者往往是有感而发，没有对这一问题进行深入的、系统的研究。尽管如此，其中也不乏真知灼见，它为我们进一步研究提供了一些可资借鉴的东西。由于这一段的时间跨度很长，研究者众多，而且对一些焦点问题的探讨所产生的观点在不同的阶段有因袭重复，也有创新发展，所以，对这一段的司马迁"一家之言"的研究史，我采用按观点分类的方式进行综述。

1. 杂而不纯说

扬雄《法言·问神》说："或曰：'淮南、太史公者，其多知与？曷其杂也。'曰：'杂乎杂，人病以多知为杂。惟圣人为不杂。'书不经，非书也；言不经，非言也。言、书不经，多多赘矣！"② 扬雄站在尊孔宗经的立场，批评司马迁思想杂糅，认为他撰写《史记》没有完全遵循圣人孔子和六艺的标准来取舍材料、

---

① 严可均辑《全汉文》，商务印书馆，1999，第 269 页。
② 汪荣宝：《法言义疏·问神》，中华书局，1987，第 163～164 页。

评判是非。扬雄还在《法言·问神》中指出，司马迁思想杂糅的原因是他"多爱不忍"，亦即"爱奇"。① 其后，批评司马迁思想杂而不纯并探寻其原因的不乏其人。班彪认为，司马迁的杂而不纯是因为他贪多务广，他说，司马迁"分散百家之事，甚多疏略，不如其本，务欲以多闻广载为功"②。司马贞和欧阳修也持这样的观点，司马贞《史记·附录·索隐序》说："错综襞括，各使成一国一家之事，故其意难究详矣。"③《欧阳文忠公全集·帝王世次图序》说："至有博学好奇之士，务多闻以为胜者，于是务集诸说而论次，初无所择，而惟恐遗之也，如司马迁之《史记》是矣。"④王通和刘知几则从叙事立意方面，批评司马迁叙事缺乏主旨，褒贬不鲜明，所谓"论繁而志寡"⑤，"其所书之事也，皆言罕褒讳，事无黜陟"⑥。叶适《习学纪言序目·史记》说："迁欲出其上，别立新意而成此书，然无异故，尽取诸书而合之耳，如刻偶人，形质具而神明不存矣，书完而义鲜，道德性命益以散微，学者无所统纪，其势不得不从事于无用之空文，然则人才何由而可成？鸣呼，孔子称'天之未丧斯文'者，岂谓是耶！"⑦从上面的分析可以看出，持"杂而不纯说"者几乎都批评《史记》的主旨不集中，但对造成这一情况的原因却有见仁见智之别，有的学者把原因归结为司马迁贪多务广，有的学者把原因归结为司马迁没有一以贯之地遵循某一种思想。

2. 史公三失说

"史公三失"说，发端于班彪，《后汉书·班彪列传》说："其

① 汪荣宝：《法言义疏·问神》，中华书局，1987，第507页。
② 范晔撰《后汉书·班彪列传》，中华书局，1965，第1235页。
③ 《史记·附录·索隐序》，中华书局，1982，第7页。
④ 欧阳修：《欧阳文忠公全集》，清乾隆惇叙堂藏校本，卷三四。
⑤ 王通：《中说》，四部丛刊本，卷二。
⑥ 刘知几：《史通·六家》，清乾隆二十一年卢见曾雅雨堂刻本《史通通释》。
⑦ 叶适：《习学纪言序目》，中华书局，1977，卷二〇。

论术学，则崇黄老而薄五经；序货殖，则轻仁义而羞贫穷；道游侠，则贱守节而贵俗功：其大弊伤道，所以遇极刑之咎也。"① 班固继承了其父亲的观点，他在《汉书·司马迁传》赞中说，司马迁"论大道则先黄老而后六经，序游侠则退处士而进奸雄，道货殖则崇势利而羞贫贱：此其所蔽也"。班氏父子对司马迁"先黄老而后六经""退处士而进奸雄""崇势利而羞贫贱"的思想均持否定的态度，认为司马迁"是非颇缪于圣人"②，也就是说司马迁没有遵循孔子和六艺的是非评判标准。这就是后来一直有争议的"史公三失"说。班氏父子的评价虽然有失公允，但也不无道理，因此有不少人赞同他们的观点。如苏轼就认为司马迁崇功利，甚至视司马迁为罪人，他说："吾尝以为迁有大罪二，其先黄老，后《六经》，退处士，进奸雄，盖其小小者耳。所谓大罪二，则论商鞅、桑弘羊之功也。自汉以来，学者耻言商鞅、桑弘羊，而世主独甘心焉，皆阳讳其名而阴用其实，甚者则名实皆宗之，庶几其成功，此则司马迁之罪也。"③ 但也有不少人对他们的观点予以驳正，这些人包括魏晋六朝时期的王肃、葛洪、裴松之和范晔，唐宋时期的刘知几、李翱、秦观、沈括、晁公武、黄震和郑樵，明清时期的陈仁锡、李贽、袁文典、徐乾学、沈德潜、王鸣盛、赵翼、章学诚和梁玉绳等。他们的反驳为我们提供了新的角度，无疑有助于我们更好地理解司马迁的思想。如秦观认为，贬斥司马迁"退处士而进奸雄，崇势利而羞贫贱"，就等于把"高才博洽"的司马迁当成了"闾里至愚极陋之人"，这是对司马迁的亵渎。他认为司马迁表面看似"退处士而进奸雄，崇势利而羞贫贱"，实际上却是"有见

---

① 范晔：《后汉书·班彪列传》，中华书局，1965，第1235页。
② 王先谦：《汉书补注·司马迁列传》，书目文献出版社，1995，卷六十二，第1233页。
③ 苏轼：《东坡志林》卷四，中华书局，1981。

而发，有激而云"①，是有其深刻用意的。又如梁玉绳针对班氏父子批评司马迁"论大道则先黄老而后六经"的观点说，"讥史公是非颇缪于圣人。……晁公武《郡斋读书志》曾辨之。《补笔谈》亦云：班固所讥甚不慊。夫史公考信必于六艺，造次必衷仲尼，是以孔子侪之世家，老子置之列传。"② 这里梁氏以司马迁是尊孔宗经来反驳班彪父子的指责。然而，最有力的反驳者当数明代的李贽，他说："班氏以此（指班固评说'史公三失'之言）为真足以讥迁也，当也，不知适足以彰迁之不朽而已。使迁而不残陋，不疏略，不轻信，不是非谬于圣人，何足以为迁乎？而兹史固不待作也。迁、固之悬绝，正在于此。夫所谓作者，谓其兴于有感而志不容已，或情有所激而词不可缓之谓也。若必其是非尽合于圣人，则圣人既已有是非矣，尚何待于吾也？夫按圣人以为是非，则其所言者乃圣人之言也，非吾心之言也。言不出于吾心，词非由于不可遏，则无味矣。有言者不必有德，又何贵于言也？此迁之史所以为继麟经而作，后有作者，终不可迫也已。……《史记》者，迁发愤之所为作也，其不为后世是非而作也，明矣。其为一人之独见也者，信非班氏之所能窥也欤。若责以明哲保身，则死于窦宪之狱，又谁为之？其视犯颜敢诤者，又孰谓不明哲欤？"③ 这里李贽显示了一个大胆而开放的思想家所具有的勇气和气魄，他一反前人为"史公三失"辩护找原因或依据的老思路，首先就肯定了司马迁的"残陋""疏略""轻信"与"是非谬于圣人"，并指出正因为有"史公三失"的存在，司马迁才没有成为圣人的传声筒，才会写出"为一人之独见"的、具有独特个性与价值的《史记》来，而且他

---

① 秦观：《淮海集·司马迁论》，四部丛刊本，卷二〇。

② 梁玉绳：《史记志疑》卷三六，中华书局，1981 年版。

③ 张建业主编《李贽文集·藏书·司马谈司马迁传》，福建人民出版社，1998，卷四十，第 795 页。

认为这也正是司马迁思想的价值所在。李贽的反驳很有分量，既击中了持"史公三失"说者企图用某一种思想标准来苛求司马迁的要害，又充分肯定了司马迁"一家之言"的独特价值。

3. "谤书"说和"纪实"说

据班固《典引·序》称，永平十七年汉明帝在诏问班固时，批评司马迁，说："司马迁著书，成一家之言，扬名后世，至以身陷刑之故，反微文刺讥，贬损当世，非谊士也。"① 明帝从个人人品和道德的角度指责司马迁著《史记》的目的不纯，认为司马迁"成一家之言"是为了"刺讥"和"贬损当世"，也就是说，他认为司马迁成"一家之言"的目的是发泄私愤。这就是后世"谤书"说（与"谤书"说相对应的是"谏书"说）的源头。直接提出"谤书"说的是东汉王允，他说："昔武帝不杀司马迁，使作谤书，流于后世。"② 不可否认，在《史记》中，司马迁记载和叙写了汉代统治者，特别是汉武帝的一些不怎么光彩的事情。之所以会对这些记载产生不同理解，其根源主要是人们对司马迁成"一家之言"的原因和目的存在着不同的理解。如果把司马迁成"一家之言"的目的理解为发泄私愤，自然就会视《史记》为"谤书"。如李晚芳说："……独惜其立意措词，多有愤忿不平之过，或谓其遇使然，亦由其立心褊蔽，未闻圣人之大道也。……尝观其《报任少卿》一书，怼君者十之六七，忿朝臣朋友者十之二三，全无一言反己内咎，所谓自是而不知其过者，非欤？其褊蔽也甚矣！操是心而修国史，大本已失，故《平准》、《封禅》，尽属谤书，诸传诸赞，半借以抒其愤忿不平之气，如是而欲上继知我罪我之心法，愚未敢轻信也。"③ 如果把司马迁成"一家之言"的目的理解为"务

---

① 萧统编《昭明文选》，中华书局，1997，卷四八，第 682 页。
② 范晔撰《后汉书·蔡邕列传》，中华书局，1965，卷六〇下，第 2006 页。
③ 李晚芳：《读史管见·读史摘微》，日本陶所池内校订本。

为治"，亦即是为了给统治者为政提供借鉴，则会视《史记》为谏书，而写作谏书往往是出于爱，而不是恨。另外，作为史官，司马迁记载和还原历史的本来面貌，包括记载统治者的过失也是应尽之职责，这也是一个有史德和有良知的史学家所应该坚持的。因为只有"纪实"才可能真正让史书起到"鉴古知今"的作用。钱大昕对谤书说给予了澄清，他说："……或又以谤书短之，不知史公著述意在尊汉，近黜暴秦，远承三代，于诸表微见其旨。秦虽并天下，无德以延其祚，不过与楚项等，表不称秦汉之际，而称秦楚之际，不以汉承秦也。史家以不虚美，不隐恶为良，美恶不掩，各从其实，何名为谤？且使迁诚谤，则光武贤主，贾、郑名儒，何不闻议废其书？故知王允偏心，元非通论。但去圣浸远，百家杂出，博采兼收，未免杂而不醇。有一人之身，更涉仕宦，整齐画一，力有未暇，此又不必曲为之讳也。"① 又说："史公著书，上继《春秋》，予夺称谓之间具有深意，读者可于言外得之。即举《月表》一篇，寻其微旨，厥有三端：一曰抑秦，二曰尊汉，三曰纪实。"② 钱大昕提到的"纪实"说源于扬雄，扬雄说："或问……'太史迁'。曰：'实录。'"③ 这里实录的实质就是纪实。后来，裴松之用"不隐"与"直书其事"来说明《史记》的纪实特点，并依次驳斥了"谤书"说。他说"史迁纪传，博有奇功于世……迁为不隐孝武之失，直书其事耳，何谤之有乎？"④ 王若虚则针对一些持谤书说者对司马迁道德人品的指责，为司马迁进行了辩白，他指出，司马迁之"发愤"不是发泄私愤，而是在遭遇重大挫折之后，决心发愤图强，有所作为，因此，他认为司马迁

---

① 钱大昕：《潜研堂文集》卷二四序二，潜研堂全集本。
② 钱大昕：《潜研堂文集》卷三四《与梁耀北论史记书》，潜研堂全集本。
③ 汪荣宝：《法言义疏·重黎》，中华书局，1987，第413页。
④ 裴松之：《三国志》卷六注，中华书局，1963，第180页。

写的《史记》是"信史"，目的是"为法于万世"，绝非发泄私愤的"一己之书"①。

总的说来，清代以前的"一家之言"研究有以下几个特点：①注意到了《史记》的独特性。研究者大多注重研究《史记》与众不同的、独特的方面；换言之，大部分研究者都把《史记》当成司马迁表达独特思想和个性情感的著作进行研究，且能有意识地针对"一家之言"发表观点。（这方面在宋明理学盛行时期表现得尤为突出。）这些观点中虽然不乏独具只眼的精辟见解，有些观点甚至到今天仍是学术界探讨的热点话题，但遗憾的是缺乏整体的、系统的研究，大多是零碎的，有时只是只言片语的心得体会。②"杂而不纯说"、"史公三失"说、"谤书"说和"纪实"说之争论是这一时期的主要论题，这些论题被长期争论不休，反映了这一时期学者们对司马迁成"一家之言"的原因和目的在认识上存在分歧，也反映了这一时期部分学者缺乏大度的学术气魄和宽容的学术精神。③过于注重微观的研究，立场观点有失偏颇。研究者大多不能从宏观的角度对"一家之言"进行整体的、系统的研究，他们或者针对"一家之言"中的某一点，甚至是某一句话进行评论，或者站在维护一家一派学术地位的立场，以一管之见，攻击一点，不顾其他。这就难免产生一叶障目，不见泰山之弊端，这样一来，他们的观点也就很难让人信服。④研究者过于注重形而下的研究，这主要表现在研究者过于将《史记》"一家之言"与自己所处时代的现实政治相结合，而没有将它放在人类历史和思想发展的长河中进行审视，这就很难从客观的角度和历史的高度对"一家之言"的思想内涵乃至司马迁本人作出客观公允的评判。

---

① 王若虚：《滹南遗老集》卷一九《史记辨惑》，四部丛刊本。

（二）近现代的《史记》"一家之言"研究

近代，梁启超在继承钱大昕观点的基础上，[1] 明确指出司马迁写《史记》的目的是成"一家之言"。他在《要籍解题及其读法·史记》中说：

> 《史记》自是中国第一部史书。但吾侪最当注意者，"为作史而作史"，不过近世史学家之新观念。从前史家作史，大率别有一"超史的"目的，而借史事为其手段。此在各国旧史皆然，而中国为犹甚也。司马迁实当《春秋》家大师董仲舒之受业弟子，其作《史记》盖窃比《春秋》。故其《自序》首引仲舒所述孔子之言曰："我欲载之空言，不如见之于行事之深切著明也。"《春秋》旨趣如此，则窃比《春秋》之《史记》可知。故迁《报任安书》云："欲以究天人之际，通古今之变，成一家之言。"《自序》亦云："略以拾遗补艺，成一家之言。厥协六经异传，整齐百家杂语。藏之名山，副在京师，俟后世圣人君子。"由此观之，其著书最大目的，乃在发表司马氏一家之言，与荀卿著《荀子》、董生著《春秋繁露》，性质正同。不过其"一家之言"乃借史的形式以发表耳。故仅以近世史的观念读《史记》，非能知《史记》者也。[2]

这段话包含两层意思：第一，《史记》与子书的性质相同，它所表达的是司马迁的"一家之言"。第二，《史记》与其他各国的古代历史著作一样，它不是"近世史学家之新观念"的历史著作，而

---

① 钱大昕说："太史公修《史记》以继《春秋》，成一家之言。其述作依乎经，其议论兼乎子。"（《潜研堂文集》卷二四序二，潜研堂全集本）

② 梁启超：《要籍解题及其读法·史记》，1925 年 12 月清华周刊丛书本，第 34～36 页。

是借史事来表达自己思想的"超史"。这就明确地揭示了司马迁写《史记》的目的是"借史"来发表自己的"一家之言"。"超史"这一观点的缺憾是过于偏重"表达",而淡化了司马迁"求信"和"纪实"的撰史精神。其后,常乃德继承并发挥了梁启超的观点,他著专文论述司马迁"一家之言",他说:"中国历史家中懂得史学的意义的恐怕只有司马迁一人,他的《史记》是'欲以究天人之际,通古今之变'的一家言,所以他的《史记》,并不是单纯的事实记录,而是和儒、道、墨、法诸家著作同等的系统哲学。不过他不用抽象的玄想,而用实际的事实材料,来建筑他的一家之学,比周秦诸子更进步,可惜后来的历史学家无人能够懂得他的意思,所以,尽管出了许多模仿的正史、别史,而却没有一部配得上称为一家言的。"①"司马迁的《史记》在中国过去学术界曾备受崇拜,但是推尊他的,不是赏鉴他的文辞,便是夸赞他的史料,还有些莫名其妙的考据家,认为《史记》的记述自相抵触之处甚多,颇欠正确,照他们的看法,还不如班固的《汉书》。其实太史公根本就不是在写历史,他是在写他的哲学,他著《史记》的动机是想:'究天人之际,达古今之变,成一家之言。'"②常乃德认为,司马迁是中国历史家中唯一"懂得史学的意义"的人,其写《史记》的目的是"用事实材料"来表达他"究天人之际,通古今之变,成一家之言"的历史哲学。常乃德在把《史记》的主旨提高到历史哲学高度的同时,又肯定司马迁是在"用事实材料"的基础上"成一家之言"的。这就纠正了梁启超"超史"观点的一些偏颇。徐浩也持这一观点,他在《廿五史论纲》中说:"史公《史记》非徒事实记录之史,其主旨在'究天人之际,通古今之

① 常乃德:《历史哲学论丛》,上海商务印书馆,1947。
② 常乃德:《历史哲学论丛》,上海商务印书馆,1947。

变，成一家之言。'盖欲完成其史学系统，奠定历史哲学基础。夫子不以空言说经，史公亦有载空言不如见诸行事深切著明之论，史实而成一家之学，较周秦诸子实高出一筹，后之史学，只知模仿其体例而修正史，以昧于'究天人之际，成一家之学'之义矣。"① 近代对司马迁"一家之言"的研究，还有一种具有代表性的观点，这就是从文学角度阐释"一家之言"，持这种观点的研究者比较注重诠释"一家之言"的个体生命情感内涵。如：

> （司马迁）恨为弄臣，寄心楮墨，感身世之缪辱，传畸人于千秋，虽背《春秋》之义，固不失为史家之绝唱，无韵之《离骚》矣。惟不拘于史法，不囿于字句，发于情，肆于心而为文。②
>
> 史迁为纪传之祖，发愤著书，辞多寄托。景、武之世，尤著微旨，彼本自成一家之言，体史而义《诗》，贵能言志云耳。③
>
> 司马迁的历史已经能够探求到人类的心灵。所以他的历史，乃不唯超过了政治史，而且更超过了文化史，乃是一种精神史，心灵史了。……这就可见司马迁乃是要在人类的生活经验之中而寻出若干范畴来了。④

鲁迅、范文澜和李长之三人主要从个人情感的表达方面和文学的角度指出了司马迁"一家之言"的特点和意义，所谓"无韵之《离骚》"，"体史而义《诗》"与"一种精神史，心灵史"，其意思都

---

① 徐浩：《廿五史论纲》，人民文学出版社，1949，第42～43页。
② 鲁迅：《鲁迅全集·汉文学史纲要》，人民文学出版社，1957，第308页。
③ 范文澜：《文心雕龙注》卷四，人民文学出版社，1958，第304页。
④ 李长之：《司马迁之人格与风格》，三联书店，1984，第238～240页。

是基本一致的。

总之，这一时期的研究有以下几个特点：①研究的视野较为宽广，基本上能突破门户之争，不拘泥于一家一派学术的争论，能够以比较客观的态度和求实的精神对"一家之言"进行研究。②研究者大多注意从整体的角度进行把握，因此，这一时期对司马迁成"一家之言"的写作宗旨也有了较具深度的认识和阐述。③研究者虽然避免了前辈学者过于注重形而下和过于注重联系现实政治以及囿于门户之见的缺陷，但有时似乎又走向了另一个极端。这表现在研究者或者过于强调"一家之言"中个人情感或思想的因素；或者过于偏向形而上的研究，特别突出"一家之言"的哲学意义，因而出现了脱离现实政治意义的偏差，甚至有否定司马迁是在求真与纪实的基础上发表"一家之言"的意味。

（三）当代的《史记》"一家之言"研究

当代司马迁"一家之言"的研究，80年代以前，除少数时期外，多数学者紧跟政治风向，主要集中在讨论司马迁的阶级立场，即对统治者是无情地揭露还是热情地歌颂，是否具有人民性，是唯心的还是唯物的几个方面的问题。这一时期，由于出于为我所用的需要，产生了一些误解甚至是曲解"一家之言"的观点，有些观点未免有削足适履之嫌。这种状况直到80年代初才有所突破。白寿彝著《史记新论》，他指出，司马迁的"成一家之言"是一个创举，说明他"敢于拿出自己的主张"，这是"对正统儒学表示的一种抗议"。并认为其"一家之言"事实是"杂家"，"其主导思想则是道家的思想。而在实际作法上，则倾向于法家和儒家的主张"。这里白先生说司马迁反对正统儒学，这是极大的误会；说司马迁的主导思想属于道家，则是他没有把司马迁当作一个历史学家来考虑的结果。其后，针对司马迁"一家之言"的研究渐渐多了起来。迄今为止，以"一家之言"标题研究的论文有：①张大可《试论司马迁的一家之言》，②程金造《释太史公自成一家之言》，③程金造《述史记太史公一家言的实质》，④罗文博《论史记的成一家之言》，⑤白寿彝《论成一家之言》，⑥吴中匡《司马迁成一家之言论》，⑦高振铎《司马迁的成一家之言新解》，⑧柳维本、赵忠文《对司马迁成一家之言的探索》，⑨杨燕起《司马迁的"成一家之言"》，⑩韩兆琦《关于〈史记〉的性质及其他》，⑪俞樟华《司马迁"成一家之言"被冷落的原因试析》，⑫俞樟华、梅新林《"究天人之际，通古今之变，成一家之言"新论》，⑬《论司马迁的"成一家之言"》，⑭《论司马迁写当代史成一家之言》，⑮郑振邦、郑红娟《也谈司马迁的"成一家之言"》，⑯左宏阁《论司马迁的"究天人之际、成一家之言"》，⑰汪高鑫《司马迁成"一家之言"新论》，⑱赵明正《论司马迁的"一家之言"之界说》，⑲郎震《司马迁"一家言"之核心》。这些论文大多是围绕司马迁是尊汉还是贬汉，是尊黄老还是尊儒术，是反文化专制还是立志创新，以及是代表人民的利益还是代表地主统治阶级的利益等问题进行论述。但也有几篇具有新颖见解的论文，如张大可的《试论司马迁的一家之言》，文中把司马迁的"一家之言"简括为三个层次来评述：①"一家之言"的结构，融会贯通百家学说以建立统一的新思想体系；②"一家之言"的核心思想，稽其成败兴坏之理以志古自镜；③"一家之言"的表达形式，创立百科全书式的纪传体通史，奠定了史学的独立地位。韩兆琦的《关于〈史记〉的性质及其他》指出，司马迁的"成一家之言"与先秦诸子以及汉代著书者的著书目的一样，就是"务为治"，不同的是先秦诸子和汉代著书者用"经"的形式，以抽象的方式著书立说，而司马迁是用具体的、基本符合历史真实的人物和事件来表达思想。韩兆琦认为造成《史记》中的矛盾或抵牾的原因包括主观和客观两个方面。汪高鑫的《司马迁成"一家之言"新论》一文重新界定了"家"和"言"，并对司马迁"成一家之言"提出新论。他认为：司马迁自成的是史家，而先秦诸子中没有史家，司马迁的学术思想不归属于诸子任何一家；司马迁具有史家特有的强烈的论载历史、保存史文的历史责任感并且首次就历史撰述宗旨和目的、历史研究要求和对象以及历史编纂方法等史学理论问题作了系统阐述；司马迁之史家言是"究天人之际，通古今之变"，以此来"稽其成败兴坏之理"。俞樟华、梅新林的《"究天人之际，通古今之变，成一家之言"新论》从巫文化、史文化、子文化三个方面阐述了司马迁"一家之言"形成的原因和特点。文章认为：司马迁"究天人之际，通古今之变，成一家之言"是在融合巫文化、史文化、子文化于一体的基础上形成的，它既有统一的一面，又有矛盾的一面；司马迁最大限度地继承和发展了上古文化遗产，基于史学又超于子学，达到一种历史哲学的高度和广度，并由此达到哲学、史学与文学的统一；由其矛盾的一面，则产生了一种由矛盾双方而形成的一种别具一格的美感力量和哲理魅力。①

在专著方面，安平秋、张大可和俞樟华主编的《史记教程》列专章对司马迁"成一家之言"进行了论述。他们认为，司马迁所谓的"成一家之言"，实际上就是指他要继承子文化，像诸子那样自我立说，建立自己的思想体系。他的"成一家之言"的真正含义是以"子"作"史"，由"史"而"子"，与子文化有着明显的继承关系。这主要体现在三个方面：首先，在学术宗旨上，《史记》与子书是息息相通的；其次，在著书构架上，《史记》也受到诸子著作的明显影响；再次，在叙述模式上，《史记》是基于史而

---

① 袁仲一、张文立、张新科主编《司马迁与史记论集·司马迁一家言》（第三集），陕西人民出版社，2006，第233～234页。

趋于子，基于事而趋于道。① 张大可、俞樟华等撰写的《司马迁一家言》一书，从不同的侧面对司马迁的"一家之言"进行了论述，全书分为八个部分：一家言的目的，一家言的核心，一家言的体例，一家言的书法，一家言的文理，一家言的文采，一家言的渊源，一家言的价值。

这一时期对"一家之言"的研究具有以下特点：①学者们比较集中地围绕司马迁的"一家之言"进行研究，掀起了司马迁"一家之言"研究的高潮，取得了可喜的成绩，并使之成为司马迁和《史记》研究的主要课题之一。②研究的广度和深度也明显超出以前各个时期，不仅发表了一系列研究论文，而且还出版了系统论述"一家之言"的研究专著。③研究者虽然在前期走过把《史记》"一家之言"和现实政治及意识形态紧密结合的弯路，但后期纠正了这一偏向，能够进行比较客观的研究。④研究者能够进行形而上与形而下结合、探讨思想与追寻原因结合以及宏观与微观结合的研究，纠正了前辈学者的一些偏差和偏见。⑤能够真正把司马迁当作历史学家，把《史记》当作历史著作来考察"一家之言"的内涵和意义。

二　本书的构想与主要内容

前辈学者的研究取得了可喜的成就，给了我很多启发，这是我进一步研究司马迁"一家之言"的基础。但是学术界对司马迁"一家之言"是尊汉还是贬汉，是尊儒还是崇道，以及司马迁黄老思想的内涵等问题的认识，还存在着争议。我打算在肯定"务为治"是司马迁"成一家之言"之主要目的的基础上，对上述问题

---

① 安平秋、张大可、俞樟华：《史记教程》，华文出版社，2002，第75～81页。

进行探讨。我认为"一家之言"中的"稽其成败兴坏之纪"也好，"究天人之际，通古今之变"也好，都是围绕"务为治"这一主旨展开的。《太史公自序》说："'天下一致而百虑，同归而殊途。'夫阴阳、儒、墨、名、法、道德，此务为治者也，直所从言之异路，有省不省耳。"①《滑稽列传》说："孔子曰：'六艺于治一也。礼以节人，乐以发和，书以道事，诗以达意，易以神化，春秋以义。'"② 这不仅说明在司马氏父子看来，各家著书立说的目的都是"务为治"，而且也暗指自己撰写《史记》，成"一家之言"的目的也是"务为治"，因此，是否关系"为治"就成为司马迁"一家之言"构思、取舍历史人物和历史事件的最主要的依据。《留侯世家》说："留侯从上击代，出奇计马邑下，及立萧何相国，所与上从容言天下事甚众，非天下所以存亡，故不著。"③《张丞相列传》说："自申屠嘉死之后，景帝时开封侯陶青、桃侯刘舍为丞相。及今上时，柏至侯许昌、平棘侯薛泽、武强侯庄青翟、高陵侯赵周等为丞相。皆以列侯继嗣，娖娖廉谨，为丞相备员而已，无所能发明功名有著于当世者。"④ 尽管这些人位极人臣，由于他们无益于治，所以被舍弃。相反，一些看来不起眼的小人物，如滑稽、佞幸之辈，因为他们的言行关乎政事和治乱，司马迁也给他们立传。他在《滑稽列传》赞中说："太史公曰：'天道恢恢，岂不大哉！谈言微中，亦可以解纷'。"

综观《史记》，叙述五帝、三王及至春秋战国和秦汉的帝王、世家无不留意于"见盛观衰，原始察终"和兴废之迹，这些都深刻体现了"务为治"是司马迁"一家之言"的核心思想。

---

① 《史记》，卷一百三十，第 3288 ~ 3289 页。
② 《史记》，卷一百二十六，第 3197 页。
③ 《史记》，卷五十五，第 2047 ~ 2048 页。
④ 《史记》，卷九十六，第 2685 页。

鉴于此，本书在吸收前辈学者研究成果的基础上，联系秦汉思想文化的传播语境，对司马迁的理政思想进行纵向和横向的研究。既注意考察时代思想文化传播语境和人生遭遇对司马迁理政思想的影响，又注意考察司马迁的古史观对他的理政思想的影响；既注意考察司马迁理政思想的内涵和矛盾性，又注意考察其理政思想矛盾产生的原因。本书的主要内容：第一，比较详细地考察了司马迁之理政思想产生的文化、学术和现实传播语境，较为清晰地揭示了时代和学术文化传播语境对司马迁之理政思想的形成所产生的影响。第二，分析了司马迁理政思想的两个"基点"：尊汉和尊奉儒家古史观，并认为这是司马迁"成一家之言"所遵循的基本原则，而且这也是我探讨司马迁理政思想的立足点。第三，比较深入地探讨了司马迁之黄老理政思想的内涵和实质，认为黄老理政思想的内核属于老子思想，其实质是因循、无为，而不是黄帝理政思想加老子理政思想，其内涵不是刑德并用。第四，通过考察司马迁的古史观和他所处的现实背景，揭示出司马迁之所以称颂黄老理政思想，是由于司马迁受"所传闻世""所闻世"与"所见世"之理政思想或理政实践交互影响的结果，但司马迁并不认为仅靠"无为"就可以把国家治理好。实际上，儒家理政思想才是他向往的理想政治。第五，比较全面地分析了司马迁理政思想产生矛盾的主观原因和客观原因。

第一章
西汉传播语境与司马迁"发愤著书"

人是具有社会性的，人的一切活动，不管是物质的还是精神的，都要受到其所处时代的社会环境的影响。正如英国哲学家罗素说的："思想家既是果，也是因。他们是他们的时代的社会环境和政治制度的结果，他们（如果幸运的话）也可以是塑造后来时代的政治制度信仰的原因。"① 所以，探讨任何人的思想都必须结合其所处时代的社会背景。一般认为，政治稳定、经济繁荣的汉武盛世是司马迁成"一家之言"的社会基础。但从古今中外的历史来看，思想的活跃、学术文化的兴盛，并不一定出现在政治稳定、经济繁荣的时代，换言之，政治的稳定、经济的繁荣不必然就会带来思想的活跃与学术文化的繁荣。历史已经证明，思想的活跃与学术文化的繁荣有一个必不可少的前提条件，那就是必须要有一个宽松自由的学术文化环境。从司马迁所处的时代来看，汉武帝时期的学术文化环境是较为宽松自由的。这样的时代，为司马迁成"一家之言"创造了良好的条件。

一 较为宽松自由的学术文化传播语境

从西汉建立到司马迁生活的时代，从文化事业发展的角度看，

① 罗素：《西方哲学史》上卷，商务印书馆，1981，第29页。

其总的趋势是朝着有利于学术文化发展的方向发展的。刘邦登上皇位后，由秦归汉的一些儒生就开始向他鼓吹文治。陆贾奉刘邦之旨意著《新语》十二篇，让自称"乃公居马上而得之（按：指得天下），安事诗书！"①的刘邦连口称"善"；叔孙通制定朝仪，让刘邦发出"吾乃今日知为皇帝之贵也"②的感叹。儒生们的这些努力，使刘邦对"文治"的重要意义有了较为深刻的认识。这首先表现在刘邦鼓励太子学习文化知识，他在《手敕太子》中说："吾遭乱世，当秦禁学，自喜，谓读书无益。洎践祚以来，时方省书，乃使人知作者之意，追思昔所行，多不是。"③其次，在治国的方略上，刘邦不仅没有像秦始皇那样采取"禁学"的政策，而且逐渐地、有意识地由武功转向文治。他组织一班人马进行了汉建立以来的第一次典籍整理工作。孝惠帝在其登基后的第四年，"除挟书之律"，这使书籍在民间得以自由流传。文帝统治期间，下求书诏，刘歆《移书让太常博士》说："汉兴，至孝文皇帝，天下众书，往往颇出。皆诸子传说，犹广立学官，为置博士。"④文帝、景帝时期虽然黄老思想盛行，但仍置一经博士。文帝还派晁错学习《尚书》。在义帝统治时期，博士之数已达七十余人，百家之学纷纷兴起，这些都为诸子学说的复兴奠定了基础。

汉初，诸侯王具有较大的自治权，一些诸侯王重视文化，广纳人才，从事学术和著述活动，其中比较著名的有淮南王刘安、河间献王刘德和吴王刘濞。《盐铁论·晁错》说："日者，淮南、衡山修文学，招四方游士，山东儒、墨咸聚于江、淮之间，讲议集论，

---

① 《史记·郦生陆贾列传》，卷九十七，第 2699 页。
② 《史记·刘敬叔孙通列传》，卷九十九，第 2723 页。
③ 严可均辑《全汉文》，商务印书馆，1999，第 5 页。
④ 严可均辑《全汉文》，商务印书馆，1999，卷四十，第 414 页。

著书数十篇。"① 而且那时的游学和游宦之风颇盛，现知游宦于诸侯王之间较为著名的有邹阳、严忌、枚乘等人。这都有助于百家之学的复兴和发展。汉武帝即位后也十分重视文化典籍的整理工作。班固说："汉兴，改秦之败，大收篇籍，广开献书之路。迄孝武世，书缺简脱，礼坏乐崩，圣上喟然而称曰：'朕甚闵焉！'于是建藏书之策，置写书之官，下及诸子传说，皆充秘府。"② 这对学术文化的发展和复兴起了十分重要的作用。对于汉初统治者重视文化事业、重视典籍的整理，以及由此而促使学术文化发展的情况，司马迁在《太史公自序》里总结说："维我汉继五帝末流，接三代绝业。周道废，秦拨去古文，焚灭诗书，故明堂石室金匮玉版图籍散乱。于是汉兴，萧何次律令，韩信申军法，张苍为章程，叔孙通定礼仪，则文学彬彬稍进，《诗书》往往间出矣。自曹参荐盖公言黄老，而贾生、晁错明申、商，公孙弘以儒显，百年之间，天下遗文古事靡不毕集太史公。"③ 统治者对典籍收集整理等文化事业工作的重视，为司马迁成"一家之言"创造了良好的条件。

那么，司马迁所处之时代的学术文化环境是否比较宽松自由呢？要说明这一观点，首先就必须澄清一个常常让人产生误解的问题，这个问题就是"罢黜百家，独尊儒术"。因为"罢黜百家，独尊儒术"已经被广泛认为是汉武帝实施的一项禁锢思想、一统学术文化的政策，汉武帝也因此被认为是压制学术思想自由，并导致学术思想一统于儒术的始作俑者。研究《史记》的学者也因此称赞司马迁具有反潮流的勇气，说他敢于在儒家思想一统的时代表达与统治者思想不合拍的异端思想。这是否符合事实呢？如果我们检

① 王利器校注《盐铁论校注·晁错》，中华书局，1992，卷二，第113页。
② 王先谦补注《汉书补注·艺文志》，书目文献出版社，1995，卷三十，第849页。
③ 《史记·太史公自序》，卷一百三十，第3319页。

讨一下"罢黜百家，独尊儒术"这一政策措施的由来和含义，就会得出否定的答案。

（一）汉武帝独尊的是孔子和"六艺"而非"儒术"

汉武帝所独尊的不是那些诠释"六艺"的儒术，而是以孔子和六艺为核心思想的"六艺王官之学"。要说明这个问题，我们首先需要正确理解"百家"这一概念的含义。有学者认为，汉武帝"罢黜百家"中的"百家"是指除儒家以外的其他各家。如吕思勉说："'百家'二字有两义：一《汉书·艺文志》小说家有《百家》百二十九卷，此为小说一家之学。一太史公言：'百家言黄帝，其文不雅训'（《五帝本纪·赞》）；《汉书》称孝武帝罢黜百家（《本纪·赞》），此该儒家以外诸家言之也。"① 实际上，这样的理解是不对的，因为在汉武帝时期，人们的观念里，儒家也是百家之一，下面来探讨这个问题。

先看《史记·太史公自序》中"论六家要指"的表述：

（1）夫阴阳四时、八位、十二度、二十四节各有教令，顺之者昌，逆之者不死则亡……②

（2）夫儒者以六艺为法。六艺经传以千万数，累世不能通其学……虽百家弗能易也。③

（3）墨者亦尚尧舜道，言其德行曰：堂高三尺……虽百家弗能废也。④

---

① 吕思勉：《秦汉史》下册，上海古籍出版社，2005，第78页。
② 《史记》，卷一百三十，第3290页。
③ 《史记》，卷一百三十，第3290页。
④ 《史记》，卷一百三十，第3291页。

（4）法家不别亲疏，不殊贵贱……虽百家弗能改也。①

（5）名家苛察缴绕，使人不得反其意……此不可不察也。②

（6）道家无为，又曰无不为，其实易行……而曰"我有以治天下"，何由哉？③

上面（2）（3）（4）句的结尾部分的结构和意思完全一样，如果说句（2）"夫儒者以六艺为法。六艺经传以千万数……虽百家弗能易也"中的"百家"是指不包含"儒家"在内的其他各家的话，那么，句（3）中的"百家"也就应当是指不包含"墨家"之外的其他各家，同理，句（4）中的"百家"也就应当是指不包含"法家"之外的其他各家，这显然说不通。因此我们可以得出这样的结论，即"论六家要指"中所说的"百家"应该包含儒家在内。关于这一点，我们还可以从《史记·太史公自序》里找到佐证：

> 儒者博而寡要，劳而少功，是以其事难尽从；然其序君臣父子之礼，列夫妇长幼之别……儒者则不然。以为人主天下之仪表也，主倡而臣和，主先而臣随。如此则主劳而臣逸。至于大道之要，去健羡，绌聪明，释此而任术。夫神大用则竭，形大劳则敝。形神骚动，欲与天地长久，非所闻也。（……夫儒者以六艺为法，六艺经传以千万数，累世不能通其学，当年不能究其礼，故曰"博而寡要，劳而少功"。若夫列君臣父子之礼，序夫妇长幼之别，虽百家弗能易也。）④

---

① 《史记》，卷一百三十，第 3291 页。
② 《史记》，卷一百三十，第 3291 页。
③ 《史记》，卷一百三十，第 3292 页。
④ 《史记·太史公自序》，卷一百三十，第 3289 ~ 3291 页。

先人有言："自周公卒五百岁而有孔子。孔子卒后至于今五百岁，有能绍明世，正《易传》，继《春秋》，本《诗书》《礼乐》之际？"意在斯乎！意在斯乎！小子何敢让焉。①

夫《春秋》，上明三王之道，下辨人事之纪，别嫌疑，明是非，定犹豫，善善恶恶，贤贤贱不肖，存亡国，继绝世，补敝起废，王道之大者也。《易》著天地阴阳四时五行，故长于变；《礼》经纪人伦，故长于行；《书》记先王之事，故长于政；《诗》记山川溪谷禽兽草木牝牡雌雄，故长于风；《乐》乐所以立，故长于和；《春秋》辨是非，故长于治人。是故《礼》以节人，《乐》以发和，《书》以道事，《诗》以达意，《易》以道化，《春秋》以道义。拨乱世反之正，莫近于《春秋》。《春秋》文成数万，其指数千。万物之散聚皆在《春秋》。②

如果我们把以上三段都理解为是针对同一对象"儒术"的论述，那显然第一段与第二、第三段的意思是相矛盾的，因为第一段是贬抑"儒术"，而第二、第三段则是褒扬"儒术"。事实是，第一段与第二、第三段所指的对象是不同的。第一段指的是"儒者"思想，而第二段与第三段分别指的是孔子和"六艺"。所以，第一段司马谈贬抑的对象是"儒者"的学说，亦即"儒术"，认为其"博而寡要，劳而少功"。司马迁很赞同他父亲的观点（上面引文里括号内的部分，我赞同有些学者的观点，认为它是司马迁对他父亲观点的解释），他进一步指出儒者的不足是"以六艺为法"，而"六艺经传以千万数"，致使民人"累世不能通其学，当年不能究其

---

① 《史记·太史公自序》，卷一百三十，第3296页。
② 《史记·太史公自序》，卷一百三十，第3297页。

礼"。这就清楚地说明了儒者虽然以六艺为法，以继承孔子和六艺的思想为己任，但他们所传的六艺经传太多、太繁复，人们既然无法全面学习领会，也就谈不上实际运用了。而且，司马迁在这里有意将"六艺"与儒者所传习的"六艺经传"分开，说明了在司马迁的思想中，"六艺"与儒者所传习的"六艺"之传并不是一回事，也说明了孔子和"六艺"在他的思想中具有特殊的地位。

司马迁对孔子和"六艺"的推崇是一贯的。"夫学者载籍极博，犹考信于六艺。"① "孔子曰：'六艺于治一也。《礼》以节人，《乐》以发和，《书》以道事，《诗》以达意，《易》以神化，《春秋》以义。'" ② "仲尼悼礼废乐崩，追修经术，以达王道，匡乱世反之于正，见其文辞，为天下制仪法，垂《六艺》之统纪于后世。作《孔子世家》第十七。" ③ 另外，司马迁在《史记·十二诸侯年表》序中还有一段指出诸子各家缺点的话，在被批评的各家中，就有儒者。司马迁说："太史公曰：'儒者断其义，驰说者骋其辞，不务综其终始；历人取其年月，数家隆于神运，谱谍独记世谥，其辞略，欲一观诸要难。'" ④ 这里司马迁指出了儒者、驰说者、历人和数家的不足，我认为，这恐怕也是司马迁要"厥协六经异传"的原因之一。为了更清楚地说明这一点，下面我们再把"百家"放在秦汉的传播语境中作一番考察。

（1）臣（李斯）请诸有文学《诗书》百家语者，蠲除去之。……始皇可其议，收去《诗书》百家之语以愚百姓，使

---

① 《史记·伯夷列传》，卷六十一，第 2121 页。
② 《史记·滑稽列传》，卷一百二十六，第 3197 页。
③ 《史记·太史公自序》，卷一百三十，第 3310 页。
④ 《史记·十二诸侯年表》，卷十四，第 511 页。

天下无以古非今。①

（2）廷尉乃言贾生年少，颇通诸子百家之书。②

（3）非博士官所职，天下敢有藏《诗》、《书》、百家语者，悉诣守、尉杂烧之。有敢偶语《诗》《书》者弃市。③

（4）于是废先王之道，焚百家之言，以愚黔首。④

（5）应侯闻，曰："五帝三代之事，百家之说，吾既知之……"⑤

（6）然《尚书》独载尧以来；而百家言黄帝，其文不雅驯……⑥

（7）今子大夫修先王之术，慕圣人之义，讽诵《诗》《书》百家之言……⑦

（8）及窦太后崩，武安侯田蚡为丞相，绌黄老、刑名百家之言，延文学儒者数百人……⑧

（9）厥协六经异传，整齐百家杂语……⑨

（10）（主父偃）学长短纵横之术，晚乃学《易》、《春秋》百家言。⑩

（11）百家异说，各有所出。若夫墨、杨、申、商之于治道，犹盖之无一橑，而轮之无一辐……⑪

---

① 《史记·李斯列传》，卷八十七，第 2546 页。
② 《史记·屈原贾生列传》，卷八十四，第 2491 页。
③ 《史记·秦始皇本纪》，卷六，第 255 页。
④ 《史记·秦始皇本纪》，卷六，第 280 页。
⑤ 《史记·范睢蔡泽列传》，卷七十九，第 2419 页。
⑥ 《史记·五帝本纪》，卷一，第 46 页。
⑦ 《史记·滑稽列传》，卷一百二十六，第 3206 页。
⑧ 《史记·儒林列传》，卷一百二十一，第 3118 页。
⑨ 《史记·太史公自序》，卷一百三十，第 3319～3320 页。
⑩ 《史记·平津侯主父列传》，卷一百一十二，第 2953 页。
⑪ 何宁撰《淮南子集释·俶真训》，中华书局，1998，卷二，第 117 页。

（12）故百家之言，指奏相反，其合道一体也。①

（13）百川异源而皆归于海，百家殊业而皆务于治。②

（14）（秦始皇）于是废先王之道，燔百家之言，以愚黔首。③

（15）今子大夫修先王之术，慕圣人之义，讽诵《诗》《书》百家之言，不可胜数……④

（16）孔子生于衰周，先王典籍，错乱无纪，而乃论百家之遗记，考正其义，祖述尧舜，宪章文武，删诗述书，定礼理乐，制作春秋，赞明易道，垂训后嗣，以为法式，其文德着矣。⑤

以上前十句出自《史记》，后六句出自汉代其他著作。上述例句中，除第（8）句外，其他各句中的"百家"都包含"儒家"。如果我们忽略上面第（8）句这个例外（下文再作分析），就可以得出这样的结论：在汉代思想者的观念里，"百家"是指包括儒家在内的所有各家。

上面分析了在汉代思想者的观念里，孔子和"六艺"与儒者所传播的"儒术"是相区别的，而且汉代儒家也属于诸子百家之一，那么，"独尊儒术"之中的"儒术"是指什么呢？

"罢黜百家，独尊儒术"一语，脱胎于班固《汉书·武帝纪》中的"罢黜百家，表章'六经'"⑥和《汉书·董仲舒传》中的

---

① 何宁撰《淮南子集释·齐俗训》，中华书局，1998，卷十一，第799～800页。

② 何宁撰《淮南子集释·氾论》，中华书局，1998，卷十三，第922页。

③ 《贾谊集·过秦》，上海人民出版社，1976，第2页。

④ 严可均辑《全汉文》，商务印书馆，1999，第257页。

⑤ 《孔子家语·本姓解》，北京燕山出版社，1995，第239页。

⑥ 王先谦补注《汉书补注·武帝纪》，书目文献出版社，1995，卷六，第77页。

"推明孔氏，抑黜百家"。① 班固依据的是董仲舒《天人三策》中"臣愚以为诸不在六艺之科孔子之术者，皆绝其道，勿使并进。邪辟之说灭息，然后统纪可一而法度可明，民知所从矣"② 一语。而董仲舒要求汉武帝"绝其道，勿使并进"的是"不在六艺之科孔子之术者"，而不是当时的儒者所宣扬的"儒术"。值得注意的是，董仲舒在其著作《春秋繁露》中仅仅只有一处用到"儒"这一概念，即"儒者以汤武为至圣大贤也，以为全道究义尽美者，故列之尧舜，谓之圣王，如法则之……"③ 可见，董仲舒真正重视的是"六艺之科、孔子之术"，而"儒"在他思想中并不占什么位置。因此，董仲舒在《天人三策》中所说的"六艺之科孔子之术者"并不是指孔子和六艺之后之儒者所传播的"儒术"。又如贾谊对孔子和"六艺"也非常重视，他极力主张把"六艺"当作教育太子的教材，但在他的《新书》中，"儒"这一概念一次也没有提到。由此可见，"儒"这一概念在汉初人的思想里并不受重视。对此，钱穆认识得很清楚，他一语破的，说："称《诗》《书》，道尧舜，法先王，战国初期学派皆然。不专于儒也。……刘向父子编造《七略》，六艺与儒家分流。是儒亦百家之一，不得上侪于六艺。然则汉武帝立五经博士，谓其尊六艺可也，谓其尊儒术，似亦未尽然也。特六艺多传于儒者，故后人遂混而勿辨也。"④ 这是很有见地的，它揭示了被后人认为的汉武帝所尊的实质是孔子和"六艺"。这样一来，上文例句（8），即"及窦太后崩，武安侯田蚡为丞相，绌黄老、刑名百家之言，延文学儒者数百人……"中的"文学儒者"，按钱穆的理解，其意思就应该是指那些传承"六艺之统"，也就是

---

① 王先谦补注《汉书补注·董仲舒列传》，书目文献出版社，1995，卷五十六，第1148页。
② 王先谦补注《汉书补注·董仲舒列传》，书目文献出版社，1995，卷五十六，第1147页。
③ 苏舆撰《春秋繁露义证·尧舜不擅移汤武不专杀》，中华书局，1992，卷七，第220页。
④ 钱穆：《秦汉史》，三联书店，2004，第94页。

传承"古代王官之学"的人①，而不是那些传播各造其说之"儒术"的儒者。另外，班固《汉书·艺文志》把"六艺"单列一类，而把儒家列入诸子，视儒家为诸子百家之一家，这也说明了在汉代人的观念里"六艺"与"儒术"是相区别的。实际上，对孔子之后那些已失去了六艺王官之学之传统的儒者，早就有人提出了批评。如荀子说："略法先王而不知其统，犹然而材剧志大，闻见杂博。案往旧造说，谓之五行，甚僻违而无类，幽隐而无说，闭约而无解。……子思唱之，孟轲和之。世俗之沟犹瞀儒，嚾嚾然不知其所非也，遂受而传之，以为仲尼、子游为兹厚于后世，是则子思、孟轲之罪也。"②荀子对不遵循孔子和"六艺"之传统的儒者提出了尖锐的批评。③总之，汉武帝和董仲舒等主张独尊的是"六艺"，而不是儒者各造其说的"儒术"，这一点应当是包括司马迁在内的当时人的共识。而"六艺"又是秦汉各家学者的共同学术资源，这就从根本上动摇了汉武帝时期儒术一统学术思想这种观点的根基。

（二）汉武帝独尊孔子和"六艺"的实质

汉武帝推重孔子和"六艺"，实质上是一项人才选拔和培养制度，其中虽然也有统一思想的用意，但这不是他的主要目的，更谈

---

① 钱穆说："汉武帝罢斥百家，表彰六艺，夫而后博士所掌，重为古者王官之旧，乃所以求稽古考文之美。此乃荀卿之所谓法先王。则当时之尊六艺，乃以其为古王官之书，非以其为晚出之儒家言……"（见钱穆《秦汉史》，三联书店，2004，第94～96页。）

② 《荀子·非相》，上海书店出版社，诸子集成本，1986，第59～60页。

③ 又如韩非子说："世之显学，儒、墨也。儒之所至，孔丘也。墨之所至，墨翟也。自孔子之死也，有子张之儒，有子思之儒，有颜氏之儒，有孟氏之儒，有漆雕氏之儒，有仲良氏之儒，有孙氏之儒，有乐正氏之儒。自墨子之死也，有相里氏之墨，有相夫氏之墨，有邓陵氏之墨。故孔、墨之后，儒分为八，墨离为三，取舍相反不同，而皆自谓真孔、墨，孔、墨不可复生，将谁使世之学乎？"（王先慎撰《韩非子集解·显学》，中华书局，1998，卷十九，第456～457页。）

不上是一项禁绝百家学说的政策。我们先看下面几句：

> 《春秋》大一统者，天地之常经，古今之通谊也。今师异道，人异论，百家殊方，指意不同，是以上亡以持一统；法制数变，下不知所守。臣愚以为诸不在六艺之科孔子之术者，皆绝其道，勿使并进。①

> 及窦太后崩，武安侯田蚡为丞相，绌黄老、刑名百家之言，延文学儒者数百人，而公孙弘以《春秋》白衣而为天子三公，封以平津侯，天下之学士靡然乡风矣。②

> 及仲舒对册，推明孔氏，抑黜百家，立学校之官，州郡举茂材孝廉，皆自仲舒发之。年老，以寿终于家，家徙茂陵，子及孙皆以学至大官。③

> 孝武初立，卓然罢黜百家，表章《六经》。④

从上面引句中可以看出，班固在转用董仲舒和司马迁的意思时，把"绌"字换成了"黜"字。从字面上讲，"绌"虽通"黜"，但二者含义并不完全一致，"绌"通"黜"时，一般为"贬退"之意，而不是"废除""摒弃"之意。那么，汉武帝贬退的是什么呢？我们不妨把以上引文的前三句缩写为：

> "不在六艺之科孔子之术者，皆绝其道"与"勿使并进"
>
> "绌黄老、刑名百家之言"，与"延文学儒者数百人"

---

① 王先谦补注《汉书补注·董仲舒列传》，书目文献出版社，1995，卷五十六，第1147页。

② 《史记·儒林列传》，卷一百二十一，第3118页。

③ 《汉书补注·董仲舒列传》，卷五十六，第1148页。

④ 王先谦补注《汉书补注·武帝纪》，书目文献出版社，1995，卷六，第77页。

"推明孔氏，抑黜百家"，与"立学校之官，州郡举茂材
孝廉"

这三句有一个共同点：即前面的"绝""绌"或"黜"与后面的
"进""举"或"延"两两相对。这就清楚地表明：每一句的前面
部分说的是推明孔子与六艺，抑绌其他学说，后面部分说的是选
举、培养、任用推明孔子和六艺的士人。将以上三句的前后连起
来，其意思是说，选拔任用推明孔子与六艺的士人，贬退那些宣扬
他说的士人。可见，汉武帝推重六艺王官之学的实质是一项选拔、
培养、任用人才的制度，而不是用来禁绝其他学说。另外，从现有
资料看，最先明确提出罢黜百家之言的是卫绾。武帝元年，倡导儒
学的丞相卫绾奏："所举贤良，或治申、商、韩非、苏秦、张仪之
言，乱国政，请皆罢。"① 卫绾建议武帝罢黜的也不是"申、商、
韩非、苏秦、张仪"之言，而是罢黜那些治"申、商、韩非、苏
秦、张仪之言"的贤良。这也说明汉武帝推重孔子和"六艺"之
意是选拔任用人才，而不是废除百家学说。这一点我们还可以从进
一步分析"绌"和"黜"两字在《史记》和《春秋繁露》中的含
义得到印证。

（1）三岁一考功，三考绌陟，远近众功咸兴。②

（2）子带立为王，取襄王所绌翟后与居温。③

（3）始皇闻此议各乖异，难施用，由此绌儒生。④

（4）诸儒生既绌，不得与用于封事之礼，闻始皇遇风雨，

---

① 王先谦补注《汉书补注·武帝纪》，书目文献出版社，1995，卷六，第 58 页。
② 《史记·五帝本纪》，卷一，第 39 页。
③ 《史记·周本纪》，卷四，第 154 页。
④ 《史记·封禅书》，卷二十八，第 1366 页。

则讥之。①

（5）上为封禅祠器示群儒，群儒或曰"不与古同"，徐偃又曰"太常诸生行礼不如鲁善"……于是上绌偃、霸，而尽罢诸儒不用。②

（6）故《书》道唐虞之际，《诗》述殷周之世，安宁则长庠序，先本绌末，以礼义防于利；事变多故而亦反是。③

（7）桓公二年，弟州吁骄奢，桓公绌之，州吁出犇。④

（8）后又欲立子职而绌太子商臣。⑤

（9）及孝文帝立，闻朱虚、东牟之初欲立齐王，故绌其功。⑥

（10）世之学老子者则绌儒学，儒学亦绌老子。⑦

（11）平原君厚待公孙龙。公孙龙善为坚白之辩，及邹衍过赵言至道，乃绌公孙龙。⑧

（12）屈平既绌，其后秦欲伐齐，齐与楚从亲……⑨

（13）张丞相由此自绌，谢病称老。⑩

（14）二年，晁错为内史，贵幸用事，诸法令多所请变更，议以谪罚侵削诸侯。而丞相嘉自绌所言不用，疾错。⑪

（15）太史公曰：张苍文学律历，为汉名相，而绌贾生、

---

① 《史记·封禅书》，卷二十八，第 1367 页。
② 《史记·封禅书》，卷二十八，第 1397 页。
③ 《史记·平准书》，卷三十，第 1442 页。
④ 《史记·卫康叔世家》，卷三十七，第 1592 页。
⑤ 《史记·楚世家》，卷四十，第 1698 页。
⑥ 《史记·齐悼惠王世家》，卷五十二，第 2010 页。
⑦ 《史记·老子韩非列传》，卷六十三，第 2143 页。
⑧ 《史记·平原君虞卿列传》，卷七十六，第 2370 页。
⑨ 《史记·屈原贾生列传》，卷八十四，第 2483 页。
⑩ 《史记·张丞相列传》，卷九十六，第 2682 页。
⑪ 《史记·张丞相列传》，卷九十六，第 2684 页。

公孙臣等言正朔服色事而不遵，明用秦之《颛顼历》，何哉？……①

（16）彼亲附士大夫，招贤绌不肖者，人主之柄也。②

（17）是时独魏文侯好学。后陵迟以至于始皇，天下并争于战国，儒术既绌焉，然齐鲁之间，学者独不废也。③

（18）影正则生正者进，影枉则生枉者绌……④

（19）考绩绌陟，计事除废，有益者谓之公，无益者谓之烦……⑤

（20）天子岁试天下，三试而一考，前后三考而绌陟，命之曰计。⑥

（21）当十二色，历各法而正色，逆数三而复，绌三之前曰五帝，帝迭首一色……⑦

（22）善者不赏，恶者不绌，不肖在位，贤者伏匿，则寒暑失序，而民疾疫。⑧

从以上例句中可知，在《史记》和《春秋繁露》里，"绌"一般是"贬退"的意思。"黜"与"绌"通用，清段玉裁《说文解字注·系部》："绌，古多假绌为黜。"从例句中的"绌"看：（3）句中的"绌儒生"，（4）句中的"诸儒生既绌"，（5）句中的"绌偃、霸"，（7）句中的"桓公绌之"，（8）句中的"绌太子商臣"，（11）句中的"绌公孙龙"，（12）句中的"屈平既绌"，（15）句

---

① 《史记·张丞相列传》，卷九十六，第2685页。
② 《史记·卫将军骠骑列传》，卷一百一十一，第2946页。
③ 《史记·儒林列传》，卷一百二十一，第3116页。
④ 苏舆撰《春秋繁露义证·保位权》，中华书局，1992，卷六，第176页。
⑤ 《春秋繁露义证·考功名》，卷七，第178页。
⑥ 《春秋繁露义证·考功名》，卷七，第179~180页。
⑦ 《春秋繁露义证·三代改制质文》，卷七，第185~186页。
⑧ 《春秋繁露义证·五行变救》，卷十四，第385页。

中的"绌贾生、公孙臣等"，（16）句中的"招贤绌不肖者"，
（18）句中的"影枉则生枉者绌"，（22）句中的"恶者不绌"，都
是"贬退"的意思。其余句中"绌"字，或为"降低"，或是
"贬斥"之意。这也说明了汉武帝时期所谓的"罢黜百家，独尊儒
术"是体现在选拔任用人才方面。

汉武帝建元五年（前136年），置五经博士。六年，窦太后
死，田蚡再度出任丞相。元光元年（前134年），初令郡国举孝
廉，并再次诏举贤良文学，仍由汉武帝亲自策问。元朔五年（前
124年），公孙弘出任丞相，始为博士官置弟子，学成以后，考视
其高下，补郎中、文学、掌故等职。此后儒学利禄之路大开，公卿
大夫士吏中，儒学之士很快增多起来。所以，《儒林列传》说：
"而公孙弘以《春秋》白衣为天子三公，封以平津侯。天下之学士
靡然乡风矣。"① 可见，汉武帝之"独尊儒术"不是为了禁止士人
学习研究百家学说，更不是像秦始皇那样焚书坑儒，禁绝法家以外
的其他各家学说，以吏为师。实际上，西汉的学术政策还是开明
的，只要个人不热衷于"利禄之路"，换句话说，如果你不想升官
发财的话，便可以不受"独尊儒术"的束缚，尽管研究发挥你的
"百家"言。对此，柳诒徵早有洞见，他说：

汉人之学，不专治经也。周、秦诸子之学，汉时实能综括
而章明之。《七略》所载诸子，凡百八十九家，四千三百二十
四篇。至魏、晋以降，始次第沦佚，故有功于诸子者，莫若汉
也。……主父偃学长短纵横术，著书二十八篇，与蒯通、徐
乐、严安、聊苍等所著之书，皆著于《艺文志》，是皆汉之纵
横家也。田蚡学《盘盂》书，为杂家；而淮南王、东方朔之

---

① 《史记》，卷一百二十一，第3118页。

书，亦著于志。其农家之董安国、尹都尉、氾胜之等，皆汉人也。……则其盛可想。通计汉之学术，逊于战国者，惟名家及墨家。①

从分析可知，把"罢黜百家，独尊儒术"理解为一项压制思想自由，黜灭"百家"思想，而独尊"儒术"的文化政策，其错误是显然的。

综上所述，在汉代，儒家属于百家之一家，汉武帝主张独尊的是孔子和"六艺"，而且其独尊孔子和"六艺"的主要用意是推行一项选拔、培养和任用人才的制度，并不是为了禁绝百家之学。所以，对士人来说，独尊孔子和"六艺"的实质只是关乎名利，与学术思想的倾向、选择、研究及主张的关系并不大。

（三）汉武帝的用人策略和"更始"方针对学术发展的影响

尽管汉武帝采用了以孔子和"六艺"之学为依据的选拔和任用人才的制度，但在政治实践中，他却没有严格遵循这一制度。汉武帝统治时期，儒家思想对现实政治只是起一种辅助、"缘饰"的作用，并没有成为主流的政治思想。研习"六艺"的儒者也没有得到真正的重视和任用，吕思勉说：

> 汉武帝可谓隆儒之主欤？……然终武帝之世，儒生见用者，亦惟弘一人而已。张汤、赵禹，法家也，主父偃、朱买臣，纵横之士也，正卫绾所欲罢也。②

---

① 柳诒徵：《中国文化史》，东方出版中心，1988，第319页。
② 吕思勉：《吕思勉读史札记》，上海古籍出版社，2006，第709~710页。

一语道出了汉武帝统治的政治实质。实际上法家才是汉武帝真正重用的，法家思想才是汉武帝统治的指导思想，以法家思想为主，用儒术缘饰，即所谓的"外儒内法"，这才是汉武帝统治之政治的本质。汉武帝时内兴外作，设立"中朝"，裁抑相权，利用《春秋》治狱，重用酷吏，打击豪强权贵，严明吏治，设十三州部刺史加强监察，所有这些都具有明显的法家政治特点。

武帝以后，汉宣帝及东汉光武帝、明帝也都重用酷吏，长于以刑名绳治臣下。桓宽《盐铁论》中记载的大夫、御史与文学贤良的论辩，就充分反映了那时的实际情况。因此，在政治实践中，汉武帝时期，根本没有形成儒学思想独统的局面。只有充分认识了这一点，我们才能理解后来汉宣帝所说的："汉家自有制度，本以霸王道杂之，奈何纯任德教？"① 王道、德教指儒家，霸道指法家，这就反映出汉代自开国以来兼用儒法，以法为主的政治本质。

另外，汉武帝在用人方面是不拘一格的。他以闳博的气度，大胆起用"非常之人"。他元封五年四月《求贤诏》说：

> 盖有非常之功，必待非常之人，故马或奔踶而致千里，士或有负俗之累而立功名。夫泛驾之马，跅弛之士，亦在御之而已。其令州郡察吏民有茂材异等可为将相及使绝国者。②

武帝不拘一格的用人方略，使不同学派、不同出身的人得以施展才华、建功立业。这也给学术自由带来了积极的影响。从在武帝政坛颇有影响的人物的知识结构来看，都具有"杂"的特点。如史称公孙弘"习文法吏事，而又缘饰以儒术，上大说之③，"公孙弘

---

① 王先谦补注《汉书补注·元帝纪》，书目文献出版社，1995，卷九，第96页。
② 王先谦补注《汉书补注·武帝纪》，书目文献出版社，1995，卷六，第72页。
③ 《史记》，卷一百一十二，第2950页。

"学《春秋》杂说"①，主父偃"学长短纵横之术，晚乃学《易》、《春秋》、百家言"②，张汤以《尚书》《春秋》治狱，儒法结合，时称"文法"③。可见，在汉武帝统治时期，各种知识结构的士人都有可能得到任用。班固《汉书·公孙弘卜式兒宽列传》概述这一盛况说：

> 汉兴六十余载，海内艾安，府库充实，而四夷未宾，制度多阙。上方欲用文武，求之如弗及，始以蒲轮迎枚生，见主父而叹息。群士慕向，异人并出。卜式拔于刍牧，弘羊擢于贾竖，卫青奋于奴仆，日磾出于降虏，斯亦曩时版筑饭牛之明已。汉之得人，于兹为盛，儒雅则公孙弘、董仲舒、兒宽，笃行则石建、石庆，质直则汲黯、卜式，推贤则韩安国、郑当时，定令则赵禹、张汤，文章则司马迁、相如，滑稽则东方朔、枚皋，应对则严助、朱买臣，历数则唐都、洛下闳，协律则李延年，运筹则桑弘羊，奉使则张骞、苏武，将率则卫青、霍去病，受遗则霍光、金日磾，其余不可胜纪。是以兴造功业，制度遗文，后世莫及。④

这些人中，就学术思想而言，尊奉六艺的有董仲舒、公孙弘，尊奉黄老的有汲黯、郑当时，尊奉法术的有张汤。这么看来，士人研习和尊奉什么学说，对其利禄之途的影响似乎也没有我们想象的那么大。因此，汉武帝所推行的"独尊儒术"的制度对学术思想的影响就更有限了。

---

① 《史记》，卷一百一十二，第2949页。
② 《史记》，卷一百一十二，第2953页。
③ 《史记》，卷一百二十二，第3138页。
④ 王先谦补注《汉书补注》，书目文献出版社，1995，卷五八，第1195页。

武帝的开阔胸襟与恢弘气度，还表现在治国方略的制定上，他在太初元年《定礼仪诏》中说：

> 盖受命而王，各有所由兴，殊路而同归，谓因民而作，追俗为制也。议者咸称太古，百姓何望？汉亦一家之事，典法不传，谓子孙何？化隆者闳博，治浅者褊狭，可不勉与！①

这说明汉武帝力主建立一种与以往任何时期都不同的、具有汉家特色的治国制度。其中"殊路而同归""因民而作"的指导思想与《庄子·天下篇》"天下多得一察焉以自好。譬如耳目鼻口，皆有所明，不能相通。犹百家众技也，皆有所长，时有所用"②，司马谈《六家要指》："《易大传》：'天下一致而百虑，同归而殊途。'夫阴阳、儒、墨、名、法、道德，此务为治者也，直所从言之异路，有省不省耳"③，以及《汉书·艺文志》，"其言虽殊，辟犹水火，相灭亦相生也；仁之与义，敬之与和，相反而皆相成也。《易》曰：'天下同归而殊途，一致而百虑。'今异家者各推所长，穷知究虑，以明其指，虽有蔽短，合其要归，亦《六经》之支与流裔。使其人遭明王圣主，得其所折中，皆股肱之材已。若能修六艺之术，而观此九家之言，舍短取长，则可以通万方之略矣"④的兼容并包的思想是相一致的。在武帝看来，只要有益于治理国家，人才的使用可以不拘一格，治国的方略也可以不拘一途。

可以说，武帝为实现"更始"政治而采取的一系列大胆的治

---

① 《史记·礼书》，卷二十三，第 1160～1161 页。
② 陈鼓应注译《庄子今注今译》，中华书局，1983，第 855 页。
③ 《史记》，卷一百三十，第 3288～3289 页。
④ 王先谦补注《汉书补注·艺文志》，书目文献出版社，1995，卷三十，第 874 页。

国方略和不拘一格的用人策略，为司马迁的"成一家之言"创造了难得的良机。值得注意的还有汉武帝所发的两份"策问"，它对鼓励士人关注现实政治，引导士人思考"天人"之际与"古今"关系起了不可低估的作用。汉武帝在元光元年的"策问"中说，传说中的五帝三王时期，天下太平，百姓康乐。然而圣王殁后，大道衰微，世道绝落。虽有无数志士仁人欲法先王之道，救世于危乱之中，然终不能得。于是，他发出如下策问：

> 三代受命，其符安在？灾异之变，何缘而起？性命之情，或夭或寿，或仁或鄙，习闻其号，未烛厥理。伊欲风流而令行，刑轻而奸改，百姓和乐，政事宣昭。何修何饬而膏露降，百谷登，德润四海，泽臻草木，三光全，寒暑平，受天之祜，享鬼神之灵，德泽洋溢，施乎方外，延及群生？①

在"策问"中，武帝勾画了理想的社会蓝图，向贤良、文学们提出了如何实现这一理想的问题；要求他们探讨"大道之要，至论之极"。② 在元光五年的策问中，汉武帝又连发五问："天人之道，何所本始？""吉凶之效，安所期焉？""禹汤水旱，厥咎何由？""仁义礼智四者之宜，当安设施？""属统垂业，物鬼变化，天命之符，废兴何如？"③ 这两次"策问"具有鲜明的导向性。"天人"问题、"古今"问题，以及现实政治问题之所以成为包括司马迁在内的当时的士人所普遍探讨的问题，汉武帝的两次策问应该是具有明显的导向性作用的。

综上所述，汉武帝独尊孔子和"六艺"的制度对士人思想束

---

① 同上书《汉书补注·董仲舒列传》，卷五十六，第 1138～1139 页。
② 同上书《汉书补注·董仲舒列传》，卷五十六，第 1138 页。
③ 《汉书补注·公孙弘卜式儿宽列传》，卷五十八，第 1189 页。

缚的作用是很有限的，而且汉武帝还积极鼓励和引导士人大胆地思考学术问题和现实政治问题，所以，司马迁是处在一个学术文化环境相对宽松、思想环境相对自由的时代。

二　矛盾丛生而又颇具活力的现实语境

文景帝和武帝时代是司马迁"一家之言"产生的现实传播背景。"文景之治"与"汉武盛世"已成为了反映汉代繁荣强盛的标志性符号，实际情况如何呢？下面我拟对"文景之治"与"汉武盛世"作一番考察。

从汉朝建立到汉武帝即位，汉王朝统治已经历了六十余载，这期间，经过高帝、吕后（惠帝）、文帝、景帝几朝的休养生息，社会的各个方面与汉朝刚刚建立时期相比，都发生了显著的变化。经济上，生产力得到恢复和发展，人口增加，国力逐渐强盛起来。政治上，经过汉高祖、孝文帝、孝景帝的削藩，诸侯王的势力逐渐削弱，中央政权得到进一步巩固。然而这些成就的取得，并不意味着汉王朝从此便国富民强，金瓯永固。实际上，汉武政权面临着诸多亟待解决的问题。在经济上，虽然比汉初有所发展，但远远没有达到富裕的程度，尤其是广大老百姓，生活还是比较艰辛，总的看来，经济还是比较脆弱的。谈到武帝即位初年的富足景象，一般会想到《史记·平准书》里的一段：

至今上即位数岁，汉兴七十馀年之间，国家无事，非遇水旱之灾，民则人给家足，都鄙廪庾皆满，而府库余货财。京师之钱累巨万，贯朽而不可校。太仓之粟陈陈相因，充溢露积于外，至腐败不可食。众庶街巷有马，阡陌之间成群，而乘字牝者傧而不得聚会。守闾阎者食粱肉，为吏者长子孙，居官者以为姓号。故人人自爱而重犯法，先行义而后绌耻辱焉。①

这段话说明了汉武帝即位之初国库的殷实。我们知道，武帝初年国库的殷实，一方面是得益于"文景之治"的鼓励农桑、节俭持国和军事上的韬光养晦，另一方面又在很大程度上是得益于始于文帝前元二年的卖爵与输粟政策，这一政策的实施，仅十年之间就积蓄了可以供北边边防五年之用，即相当于全国十二年租税的收入。② 这段话还说明了普通民众"人给家足"的另一个前提是"国家无事，非遇水旱之灾"。不难想象，一个以农耕经济为支柱的社会，一个科技水平并不发达的时代，一个"水旱之灾"频发的生存环境，这种"富足"是多么的脆弱！

间者数年比不登，又有水旱疾疫之灾，朕甚忧之。……无用之事或多与？何其民食之寡乏也！③

今岁或不登，民食颇寡，其咎安在？或诈伪为吏，吏以货赂为市，渔夺百姓，侵牟万民。④

今农夫五口之家，其服役者不下二人，其能耕者不过百亩，百亩之收不过百石。春耕夏耘，秋获冬藏，伐薪樵，治官府，给繇役；春不得避风尘，夏不得避暑热，秋不得避阴雨，冬不得避寒冻，四时之间，亡日休息；又私自送往迎来，吊死问疾，养孤长幼在其中。勤苦如此，尚复被水旱之灾。⑤

----

① 《史记·平准书》，卷三十，第 1420 页。
② 王先谦：《汉书补注》卷二十四上，第 14～15 页；卷二十四下，第 7，12～13，419 页。
③ 严可均辑《全汉文·（汉文帝）求言诏》，商务印书馆，1999，卷二，第 14～15 页。
④ 《全汉文·（汉景帝）令二千石修职诏》，卷二，第 21 页。
⑤ 《全汉文·（晁错）说文帝令民入粟受爵》，卷九，第 189 页。

文景时期一旦遭遇水旱之灾或疾疫，皇上就得忧虑"民食颇寡"，可见，贾谊所说的"公私之积犹可哀痛也。故失时不雨，民且狼顾矣；岁恶不入，请卖爵鬻子"①并非空穴来风，也绝不是杞人忧天。而且，汉武帝初年的经济状况实际上也并不乐观。武帝即位的第三年，即建元三年，他在《答淮南王安谏伐越》中说："是以比年凶灾害众……内有饥寒之民，南夷相攘，使边骚然不安，朕甚惧焉。"②《元光元年策贤良制》又说："今阴阳错缪，氛气充塞，群生寡遂，黎民未济。""内有饥寒之民""群生寡遂，黎民未济"③，这就是汉武帝初期的经济状况和民生状态。况且，即使"文景之治"出现过富足的景象，也并不具有普遍意义，因为这种所谓的富足，多半是属于少数诸侯贵族和豪商大贾的，更为糟糕的是，所谓的富足是建立在少数人兼并剥削多数人的基础之上的。所以，这种所谓的富足不仅不能让人欣喜，反而令人担忧，因为它加剧了贫富分化，激化了社会矛盾。

　　今者何如？进取之时去矣，并兼之势过矣。胡以孝弟循顺为？善书而为吏耳。胡以行义礼节为？家富而出官耳。骄耻偏而为祭尊，黥劓者攘臂而为政。行惟狗彘也，苟家富财足，隐机盱视而为天子耳。……今俗侈靡，以出伦逾等相骄，以富过其事相竞。④

　　今农夫……勤苦如此，尚复被水旱之灾，急政暴赋，赋敛不时，朝令而暮改。当其有者半贾而卖，亡者取倍称之息，于是有卖田宅鬻子孙以尝责者矣。而商贾大者积贮倍息，小者坐

① 贾谊：《贾谊集·无蓄》，上海人民出版社，1976，第82页。
② 严可均辑《全汉文·（汉武帝）答淮南王安谏伐越诏》，卷三，第26页。
③ 严可均辑《全汉文》，商务印书馆，1999，卷三，第24页。
④ 贾谊：《贾谊集·时变》，上海人民出版社，1976，第48页。

列贩卖，操其奇赢，日游都市，乘上之急，所卖必倍。故其男
不耕耘，女不蚕织，衣必文采，食必粱肉；亡农夫之苦，有仟
伯之得。因其富厚，交通王侯，力过吏势，以利相倾；千里游
敖，冠盖相望，乘坚策肥，履丝曳缟。①

文景时期面临的这一问题在汉武帝统治时期不仅没有得到解决，而
且还有变本加厉的趋势：

> 武安由此滋骄，治宅甲诸第。田园极膏腴，而市买郡县器
> 物相属于道。前堂罗钟鼓，立曲旃；后房妇女以百数。诸侯奉
> 金玉狗马玩好，不可胜数。②
>
> （灌）夫不喜文学，好任侠，已然诺。诸所与交通，无非
> 豪桀大猾。家累数千万，食客日数十百人。陂池田园，宗族宾
> 客为权利，横于颍川。颍川儿乃歌之曰："颍水清，灌氏宁；
> 颍水浊，灌氏族。"③

财物既不从天降，也不从地生，官僚富豪的财富聚敛，就意味着对
百姓的侵夺。我们再看下面几段：

> 至秦则不然，用商鞅之法，改帝王之制，除井田，民得卖
> 买，富者田连仟伯，贫者亡立锥之地。又颛川泽之利，管山林
> 之饶，荒淫越制，逾侈以相高；邑有人君之尊，里有公侯之
> 富，小民安得不困？又加月为更卒，已复为正，一岁屯戍，一
> 岁力役，三十倍于古；田租口赋，盐铁之利，二十倍于古。或

---

① 严可均辑《全汉文·（晁错）说文帝令民入粟受爵》，卷十八，第189页。
② 《史记·魏其武安侯列传》，卷一百七，第2844页。
③ 《史记·魏其武安侯列传》，卷一百七，第2847页。

耕豪民之田，见税什五。故贫民常衣牛马之衣，而食犬彘之食。重以贪暴之吏，刑戮妄加，民愁亡聊，亡逃山林，转为盗贼，赭衣半道，断狱岁以千万数。汉兴，循而未改……①

其遗毒余烈，至今未灭，使习俗薄恶，人民嚣顽，抵冒殊扞，孰烂如此之甚者也。孔子曰："腐朽之木不可雕也，粪土之墙不可圬也。"今汉继秦之后，如朽木粪墙矣，虽欲善治之，亡可奈何。法出而奸生，令下而诈起，如以汤止沸，抱薪救火，愈甚亡益也。……汉得天下以来，常欲善治而至今不可善治者，失之于当更化而不更化也。②

今天下人民用财侈靡，车马衣裘宫室皆竞修饰，调五声使有节族，杂五色使有文章，重五味方丈于前，以观欲天下。彼民之情，见美则愿之，是教民以侈也。侈而无节，则不可赡，民离本而徼末矣。末不可徒得，故缙绅者不惮为诈，带剑者夸杀人以矫夺，而世不知愧，故奸宄浸长。夫佳丽珍怪固顺于耳目，故养失而泰，乐失而淫，礼失而采，教失而伪。伪、采、淫、泰，非所以范民之道也。是以天下人民逐利无已，犯法者众。③

不顾礼义廉耻、以追求物质享受为人生目的的社会风气，所导致的贫富悬殊，严重威胁着国家的安定。司马迁对这种风气的转变和危机也有充分的认识，他特别关注的对象是身处高位的诸侯贵族。《汉兴以来诸侯王年表》说："汉定百年之间，亲属益疏，诸侯或骄奢，忕邪臣计谋为淫乱，大者叛逆，小者不轨于法，以危其命，

---

① 严可均辑《全汉文·（董仲舒）又言限民名田》，卷二十四，第238页。
② 王先谦：《汉书补注·董仲舒列传》，书目文献出版社，卷五十六，第1141页。
③ 严可均辑《全汉文》，商务印书馆，1999，第272页。

殒身亡国。"①《高祖功臣侯者年表》说:"天下初定,故大城名都散亡,户口可得而数者十二三,是以大侯不过万家,小者五六百户。后数世,民咸归乡里,户益息,萧、曹、绛、灌之属或至四万,小侯自倍,富厚如之。子孙骄溢,忘其先,淫嬖。至太初百年之间,见侯五,馀皆坐法殒命亡国,耗矣。罔亦少密焉,然皆身无兢兢于当世之禁云。"②

这一局面的形成与汉武帝之前统治者秉承黄老思想,无为而治,制度多缺有一定的关系。贾谊把汉初社会的诸多矛盾概括为"可为痛惜者一,可为流涕者二,可为长大息者六"③,并把其产生的原因归于统治者的"无为"政治,这是有一定道理的。汉武帝统治初期,"制度多阙"的无为政治的弊端日益凸显:"当此之时,网疏而民富,役财骄溢,或至兼并豪党之徒,以武断于乡曲。宗室有土公卿大夫以下,争于奢侈,室庐舆服僭于上,无限度。"④

在这样的背景下,汉武帝一反汉初的无为政治,采用积极的"有为"政治,但令人遗憾的是,汉武帝又走向了另一个极端。他在"多欲"思想的支配下,举汉初数十载之积蓄,内兴功作、封禅求仙,外攘夷狄,"严助、朱买臣等招来东瓯,事两越,江淮之间萧然烦费矣。唐蒙、司马相如开路西南夷,凿山通道千馀里,以广巴蜀,巴蜀之民罢焉。彭吴贾灭朝鲜,置沧海之郡,则燕齐之间靡然发动。及王恢设谋马邑,匈奴绝和亲,侵扰北边,兵连而不解,天下苦其劳,而干戈日滋。行者赍,居者送,中外骚扰而相奉,百姓抏弊以巧法,财赂衰耗而不赡。"⑤ 这使得民不聊生,矛

---

① 《史记》,上海古籍出版社,1997,卷十七,第 640 页。
② 《史记》,卷十八,第 708 页。
③ 《贾谊集·数宁》,上海人民出版社,1976,第 15 页。
④ 《史记·平准书》,卷三十,第 1420 页。
⑤ 《史记·平准书》,卷三十,第 1420~1421 页。

盾激化。正如汉元帝时贾捐之所说：

> 至孝武皇帝元狩六年，太仓之粟红腐而不可食，都内之钱贯朽而不可校，乃探平城之事，录冒顿以来数为边害，籍兵厉马，因富民以攘服之。西连诸国至于安息，东过碣石以玄菟乐浪为郡，北却匈奴万里，更起营塞，制南海以为八郡，则天下断狱万数，民赋数百，造盐铁酒榷之利以佐用度，犹不能足。当此之时，寇贼并起，军旅数发，父战死于前，子斗伤于后，女子乘亭鄣，孤儿号于道，老母寡妇饮泣巷哭，遥设虚祭，想魂乎万里之外。淮南王盗写虎符，阴聘名士，关东公孙勇等诈为使者，是皆廓地泰大，征伐不休之故也。[1]

汉武帝晚年也对自己推行"多欲"政治给国家和民生造成的不利影响进行了反省，并表示出希望调整政策的想法，他在《报桑弘羊等请屯田轮台诏》中说："今务在禁苛暴，止擅赋，力农本，修马复令，以补缺，毋令武备而已。"[2]

以上说明了汉武帝统治时期，并不是国家安定、政局稳定、经济繁荣的时期。司马迁是处在一个既矛盾丛生，又充满活力和机遇的时代。这是一个促使有志之士思考并有所作为的时代。从这个意义上讲，司马迁可谓是生逢其时。

三 "发愤著书"的内涵及其对司马迁思想的影响

影响司马迁写作《史记》的因素是多方面的，除了上文分析

---

[1] 严可均辑《全汉文》，商务印书馆，1999，第171页。

[2] 严可均辑《全汉文·报桑弘羊等请屯田轮台诏》，第36页。

的时代背景外，还有史官世家的传统、"发愤"著书等因素。下面我着重针对"发愤"著书作些探讨。学术界对司马迁的"发愤"著书之含义的理解存在着不同的侧重；由于存在这种理解上的不同侧重，便产生了对司马迁"一家之言"内涵的不同阐释。

（一）"发愤"著书的内涵

鲁迅称赞《史记》是"史家之绝唱，无韵之《离骚》"，其中后半句的意思就是说《史记》具有强烈的抒情色彩。文学研究者很强调《史记》的抒愤特点，因此，他们有时难免将司马迁的"发愤"阐释为发泄愤懑之义。这种阐释对后世的影响很大，这表现在后世的很多文学评论者在评论作者或作品具有抒愤意蕴时，往往以司马迁撰写《史记》也是为了抒愤作例证，如东汉桓谭所说"贾谊不左迁失志，则文采不发"；唐代韩愈所说"和平之音淡薄，而愁思之声要妙；欢愉之词难工，而穷苦之言易好"①；宋代欧阳修所说诗穷而后工；陈师道在《王平甫文集后序》中说，"惟其穷愈甚，故其诗愈多"。创作日趋繁荣，很多人认为优秀小说也都是发愤之作：李贽说《水浒传》的作者"虽生元日，实愤宋事"，是"发愤之所作"②；金圣叹说《水浒传》作者"发愤作书""怒毒著书"，是"天下无道"所激起的"庶人之议"③；陈忱说他的《水浒后传论略》是"泄愤之书"④；张竹坡说《金瓶梅》作者"乃一腔愤懑而作此书"；蒲松龄说自己的《聊斋志异》是"孤愤之

---

① 郭绍虞主编《中国历代文论选·荆潭唱和诗序》（第二册），上海古籍出版社，1980，第 129 页。
② 郭绍虞主编《中国历代文论选·忠义水浒传序》（第三册），上海古籍出版社，1980，第 124 页。
③ 郭绍虞主编《中国历代文论选·读第五才子书法》，第 244 页。
④ 郭绍虞主编《中国历代文论选·水浒后传论略》，第 326 页。

书"①；等等。一直到清代王国维所说"物之不得其平而鸣者也，故欢愉之词难工，愁苦之言易巧"②，都是这一观点的引申和发挥。又如对宋、元以后对小说戏曲的评论也明显地倾向于认为作者的写作目的，主要是发泄抑郁于胸中的愤懑。那么，司马迁成"一家之言"的目的是不是发泄抑郁于胸中的愤懑呢？抑或是虽然含有发泄愤懑这层意思，但其侧重点并不在此呢？

为了弄清楚这个问题，下面我们先探讨一下"发愤"一词在汉代传播语境中的含义。

（1）白公为乱，非欲取国代主也，发愤快志，剡手以冲仇人之胸，固为俱靡而已。③

（2）独便悁而烦毒兮，焉发愤而抒情。时暧暧其将罢兮，遂闷叹而无名。伯夷死于首阳兮，卒夭隐而不荣。太公不遇文王兮，身至死而不得逞。④

（3）陈王赫然奋爪牙为天下首事，道虽凶而儒墨或干之者，以为无王之矣，道壅遏不得行，自孔子以至于兹，而秦复重禁之，故发愤于陈王也。⑤

（4）陈涉起匹夫，驱瓦合适戍旬月以王楚，不满半岁竟灭亡，其事至微浅，然而缙绅先生之徒负孔子礼器往委质为臣者，何也？以秦焚其业，积怨而发愤于陈王也。⑥

（5）是岁天子始建汉家之封，而太史公留滞周南，不得

①　郭绍虞主编《中国历代文论选·聊斋志异自序》，第 331 页。

②　《王国维文学美学论文集·人间词话未刊稿》，北岳文艺出版社，1988，第 372 页。

③　贾谊：《贾谊集·谏立淮南诸子疏》，上海人民出版社，1976，第 206 页。

④　严可均辑《全汉文·（严忌）哀时命》，商务印书馆，1999，卷十九，第 195 页。

⑤　王利器校注《盐铁论校注·褒贤》，中华书局，1992，卷四，第 242 页。

⑥　《史记·儒林列传》，卷一百二十一，第 3116～3117 页。

与从事，故发愤且卒。①

（6）故《古文孝经》初出于孔氏……诸儒各任意巧说，分为数家之谊。浅学者以当六经……吾愍其如此，发愤精思，为之训传。②

（7）接舆避世，箕子被发阳狂，此二子者，皆避浊世以全其身者也。使遇明王圣主，得赐清燕之间，宽和之色，发愤毕诚，图画安危，揆度得失，上以安主体，下以便万民，则五帝三王之道，可几而见也。③

（8）臣闻三代改制，属象相因。间者圣统废绝，陛下发愤，合指天地，祖立明堂辟雍，宗祀太一，六律五声，幽赞圣意……④

（9）子夏对曰："……上有尧舜之道，下有三王之义，弟子不敢忘，虽居蓬户之中，弹琴以咏先王之风，有人亦乐之，无人亦乐之，亦可发愤忘食矣。"⑤

（10）且夫身正性善，发愤而成仁，帽凭而为义……⑥

（11）或择地而蹈之，时然后出言，行不由径，非公正不发愤，而遇祸灾者，不可胜数也。⑦

从上列引句中看，在汉代语境中，"发愤"有两种含义：句（1）（2）（3）（4）（5）是发泄心中的愤懑之义，句（6）（7）（8）（9）（10）（11）是自知不足而决心奋发有为的意思。第二种意思

① 《史记》，卷一百三十，第3295页。
② 严可均辑《全汉文·〈孔安国〉古文孝经训传序》，卷十三，第128页。
③ 《全汉文·〈东方朔〉非有先生论》，卷二十五，第256页。
④ 《汉书补注·公孙弘卜式兒宽列传》，卷五十八，第1195页。
⑤ 韩婴撰，许维遹校释《韩诗外传集释》，中华书局，1996，卷二。
⑥ 何宁撰《淮南子集释·修务训》，中华书局，1998，卷十九，第1329页。
⑦ 《史记·伯夷列传》，卷六十一，第2125页。

与孔子"其为人也，学道不倦，诲人不厌，发愤忘食，乐以忘忧，不知老之将至"中之"发愤"的意思相同。而且上列引句中的句（8）是兒宽给皇帝的上疏，其发愤图强而有所作为的意思更为强烈，几乎不含发泄私愤的意思。

再看司马迁列举的"贤圣"，如西伯、仲尼、屈原、左丘失明、孙子、吕不韦、韩非子等都是历史上的伟大的人物，他们面对重大挫折，忍辱负重，作出了令人敬佩的成绩，他们的所作所为，绝不只是停留在发泄愤懑的肤浅层面。司马迁决心以这些历史人物为榜样，其"发愤"的含义应当是侧重于发奋有为。对此，清代史学家章学诚有一段精辟的论述，他说：

　　史迁百三十篇，《报任安书》所谓"究天地之际，通古今之变，成一家之言"，《自序》以谓"绍名世，正《易传》，本《诗》、《书》、《礼》、《乐》之际"，其本旨也。所云"发愤著书"，不过叙述穷愁而假以为辞耳。后人泥于发愤之说，遂谓百三十篇皆为怨诽所激发，王允亦斥其言为谤书。于是后世论文，以史迁为讥谤之能事，以微文为史职之大权，或从羡慕而仿效为之，是直以乱臣贼子之居心而妄附《春秋》之笔削，不亦悖乎！今观迁所著书，如《封禅》之惑于鬼神，《平准》之算及商贩，孝武之秕政也。后世观于相如之文，桓宽之论，何尝待史迁而后著哉！《游侠》、《货殖》诸篇，不能无所感慨，贤者好奇，亦洵有之。余皆经纬古今，折衷《六艺》，何尝敢于讪山哉！朱子尝言《离骚》不甚怨君，后人附会有过；吾则以谓史迁未敢谤主，读者之心自不平耳。夫以一身坎轲，怨诽及于君父，且欲以是邀千古之名，此乃愚不安分，名教中之罪人，天理所诛，又何著述之可传乎！夫《骚》与《史》，千古之至文也；其文之所以至者，皆抗怀于三代之英而经纬乎天人之际者也。所遇皆穷，固不能无感慨；而不学无识者流，且谓诽君谤主不妨尊为文辞之宗焉，大义何由得明，心术何由得正乎！夫子曰，"《诗》可以兴"，说者以谓兴起好善恶恶之心也；好善恶恶之心，惧其似之而非，故贵平日有所养也。《骚》与《史》，皆深于《诗》者也，言婉多讽，皆不背于名教，而梏于文者不辨也。故曰必通六艺比兴之旨，而后可以讲春王正月之书。①

这段话颇有见地，它阐明了司马迁成"一家之言"的主要的指导思想是发奋有为，当然，我们也承认其中包含有抒愤的意蕴。

（二）从"立功"到"立言"：司马迁人生价值观的转变

现存的最能直接反映出司马迁人生价值取向的篇章，除《史记》中的部分论赞外，还有《报任少卿书》《悲士不遇赋》和《太史公自序》。从这三篇表白心迹的文章中，我们能够真切地感受到司马迁之人生价值追求转变的心路历程，即从"求亲媚于主上"以建功立业，到因惧怕"鄙没世而文采不表于后"而"发愤"立言。汉武帝"内兴功作"，"外攘四夷"，虽然给国家的政治经济带来了一些负面影响，但我们也应该认识到其具有积极意义的方面。汉宣帝曾经颂扬汉武帝的功绩说：

孝武皇帝躬仁谊，厉威武，北征匈奴，单于远遁；南平氐、羌、昆明、瓯骆、两越，东定秽骆、朝鲜，廓地斥境，立郡县，百蛮率服，款塞自至，珍贡陈于宗庙；协音律，造乐歌，荐上帝，封太山，立明堂，改正朔，易服色；明开圣绪，

---

① 章学诚：《文史通义·史德》，卷三内篇三。

尊贤显功，兴灭继绝，褒周之后，备天地之礼，广道术之
路。①

这些表彰虽有溢美之词，但基本上还是比较合乎实际地概括了汉武
帝的功业和贡献。汉武帝的有为政治对渴望建功立业的有志之士来
说，是利大于弊的，因为他给广大的有志之士提供了广阔的用武之
地，且能激发他们施展才华、有所作为的雄心壮志。这直接促使了
当时浓厚的重视事功、追求功名之社会风气的形成。

司马迁自然也受到了这种风气的感染，他一生秉承积极进取、
追求立功立名的人生价值观。他在给友人挚伯陵的信中说："迁闻
君子所贵乎道者三，太上立德，其次立功，其次立言。"②"惧志行
而无闻""没世无闻，古人唯耻"③ 是他人生价值取向的真实表达。
他以儒家倡导的"智、仁、义、勇、行"作为自己的行为准则，
"修身者，智之府也，爱施者，仁之端也，取予者，义之符也，耻
辱者，勇之决也，立名者，行之极也。士有此五者，然后可以托于
世，列于君子之林矣。"④ 司马迁二十余岁步入仕途，"尝厕下大夫
之列，陪外廷末议"⑤。他很自信，自信自己"才髊""有能"；他
很勤奋，"将逮死而长勤""朝闻夕死，孰云其否！"⑥；他兢兢业
业，忠于职守，"绝宾客之知，忘室家之业，日夜思竭其不肖之材
力，务壹心营职，以求亲媚于主上"。⑦ 起初，司马迁撰写《史记》
是受父亲的遗托，他父亲说："余死，汝必为太史；为太史，无忘

① 严可均辑《全汉文·（汉宣帝）夏侯胜列传》，商务印书馆，1999，卷五，第48页。
② 同上书《全汉文·（司马迁）与挚伯陵书》，卷二十六，第270页。
③ 同上书《全汉文·悲士不遇赋》，卷二十六，第266页。
④ 同上书《全汉文·报少卿书》，第266页。
⑤ 《全汉文·报少卿书》，第267页。
⑥ 同上书《全汉文·悲士不遇赋》，卷二十六，第266页。
⑦ 《全汉文·悲士不遇赋》，第267页。

吾所欲论著矣。且夫孝始于事亲，中于事君，终于立身。扬名于后世，以显父母，此孝之大者。"① 虽然司马迁任太史令之后，便着手撰写《史记》，但此时的他并没有把这项工作当成安身立命的事业，或者说他没有把著书立说当作实现人生价值的事业来做。在《报任少卿书》中，他说出了自己最初撰写《史记》时的态度。

> 仆窃不逊，近自托于无能之辞，网罗天下放失旧闻，考之行事，稽其成败兴坏之理，凡百三十篇，亦欲以究天人之际，通古今之变，成一家之言。
>
> 草创未就，适会此祸，惜其不成，是以就极刑而无愠色。②

"自托于无能之辞"一语很明白地说明了在"李陵之祸"之前，司马迁把撰写《史记》看作为"无能之辞"；也就是说，在他看来，著书立说与那些能扬身立名、光宗耀祖的现世功业比较起来显得微不足道。"李陵之祸"使他的心身受到严重摧残，精神受到沉重打击，他说："祸莫憯于欲利，悲莫痛于伤心，行莫丑于辱先，诟莫大于宫刑。刑馀之人，无所比数，非一世也，所从来远矣。"③ 这是他受宫刑之后痛苦心境的写照。因为，这一事件是对司马迁追求建功立业志向的最为严重的打击：它完全阻断了司马迁"立功"的途径，击碎了司马迁"立功"的梦想：

> 所以自惟：上之，不能纳忠效信，有奇策才力之誉，自结明主；次之，又不能拾遗补阙，招贤进能，显岩穴之士；外

---

① 《史记·太史公自序》，卷一百三十，第 3295 页。
② 严可均辑《全汉文·报任少卿书》，商务印书馆，1999，卷二十六，第 269 页。
③ 严可均辑《全汉文·报任少卿书》，商务印书馆，1999，第 266~267 页。

之，不能备行伍，攻城野战，有斩将搴旗之功；下之，不能累日积劳，取尊官厚禄，以为宗族交游光宠。四者无一遂，苟合取容，无所短长之效，可见于此矣。①

"李陵之祸"使他清醒地认识到，之前他所努力为之奋斗的"自结明主""拾遗补阙""斩将搴旗之功"和"取尊官厚禄"已不可能实现。面对"四者无一遂""虽有形而不彰，徒有能而不陈""时悠悠而荡荡，将遂屈而不伸"②的现实处境，在仕宦之路上，他也不得不"苟合取容"了。因为他知道："身残处秽，动而见尤，欲益反损，是以抑郁而无谁语。谚曰：'谁为为之？孰令听之？'"③可贵的是，司马迁没有从此消沉下去，他在苦痛中思考人生："人固有一死，死有重于泰山，或轻于鸿毛，用之所趋异也。"④他认为"用之所趋"决定着人生的意义。从古人那里，司马迁汲取了奋进的力量，找到了实现人生价值的方向。

　　古者富贵而名摩灭，不可胜记，唯俶傥非常之人称焉。盖西伯拘而演《周易》；仲尼厄而作《春秋》；屈原放逐，乃赋《离骚》；左丘失明，厥有《国语》；孙子膑脚，《兵法》修列；不韦迁蜀，世传《吕览》；韩非囚秦，《说难》、《孤愤》。《诗》三百篇，大氐圣贤发愤之所为作也。此人皆意有所郁结，不得通其道，故述往事，思来者。及如左丘无目，孙子断足，终不可用，退论书策以舒其愤，思垂空文以自见。⑤

① 严可均辑《全汉文·报任少卿书》，商务印书馆，1999，第267页。
② 严可均辑《全汉文·悲士不遇赋》，商务印书馆，1999，第266页。
③ 严可均辑《全汉文·报任少卿书》，商务印书馆，1999，第266页。
④ 严可均辑《全汉文·报任少卿书》，商务印书馆，1999，第268页。
⑤ 严可均辑《全汉文·报任少卿书》，卷二十六，第269页。

且勇者不必死节，怯夫慕义，何处不勉焉！仆虽怯耎欲
苟活，亦颇识去就之分矣，何至自湛溺累绁之辱哉！且夫臧
获婢妾犹能引决，况若仆之不得已乎！所以隐忍苟活，函粪
土之中而不辞者，恨私心有所不尽，鄙没世而文采不表于后
也。①

这些话语反映出司马迁抉择的痛苦，显示了在遭受李陵事件的打击
之后，司马迁的人生价值观由追求建功立业转变为"立言"的思
考过程，宣示了他经过痛苦思索之后，重新找到了一条实现人生价
值的新途径。

以上三段话里出现了三个重要的概念——"空文""空言"和
"文采"，为了更进一步理解司马迁撰写《史记》的动因，下面就
以司马迁对"立言"的意义及其在思想认识方面的转变为线索
（即司马迁从不屑于"立言"，到把"立言"看作为"无能之词"，
再到"鄙没世而文采不表于后也"）对这三个概念在汉代传播语境
中的含义作一下探讨。

空文

（1）初试官时，倍力为巧诈，饰虚功执空文以调主上，
用居上为右。②

（2）壶遂曰："孔子之时，上无明君，下不得任用，故作
《春秋》，垂空文以断礼义，当一王之法……"③

（3）故贤者处实而效功，亦非徒陈空文而已。④

---

① 严可均辑《全汉文·报任少卿书》，卷二十六，第 269 页。
② 《史记·日者列传》，卷一百二十七，第 3217 页。
③ 《史记·太史公自序》，卷一百三十，第 3299 页。
④ 王利器校注《盐铁论校注·非鞅》，中华书局，1992，卷二，第 95 页。

上面句中的"空文"：（1）是泛指法律文书；（3）是相对"处实"
"效功"而言，具有贬义色彩；（2）是相对"不得任用"而言，
与司马迁的"身毁不用""不得通其道"用意相同。这充分揭示了
司马迁不得不将人生目标由"立功"转为"立言"的痛苦抉择。
司马迁在《平原君虞卿列传》中写了一个叫虞卿的人，说："虞卿
既以魏齐之故，不重万户侯卿相之印，与魏齐间行，卒去赵，困于
梁。魏齐已死，不得意，乃著书，上采《春秋》，下观近世……以
刺讥国家得失，世传之曰《虞氏春秋》。"① 在该列传的赞中写道：
"然虞卿非穷愁，亦不能著书以自见于后世云。"② 表面写虞卿，实
际是写自己。

空言

　　（1）诸侯及将相相与共请尊汉王为皇帝。汉王曰："吾闻
帝贤者有也，空言虚语，非所守也，吾不敢当帝位。"③

　　（2）（相如）谓秦王曰："大王欲得璧，使人发书至赵王，
赵王悉召群臣议，皆曰'秦贪，负其强，以空言求璧，偿城
恐不可得'。"④

　　（3）谚曰："千金之子，不死于市。"此非空言也。⑤

　　（4）子曰："我欲载之空言，不如见之于行事之深切著明
也。"⑥

　　（5）为人臣子而不通于《春秋》之义者，必陷篡弒之诛，死

①　《史记·平原君虞卿列传》，卷七十六，第 2375、2376 页。
②　《史记·平原君虞卿列传》，卷七十六，第 2375、2376 页。
③　《史记·高祖本纪》，卷八，第 379 页。
④　《史记·廉颇蔺相如列传》，卷八十一，第 2440 页。
⑤　《史记·货殖列传》，卷一百二十九，第 3256 页。
⑥　《史记·太史公自序》，卷一百三十，第 3297 页。

罪之名。其实皆以为善，为之不知其义，被之空言而不敢辞。①

（6）诸生无能出奇计远图，伐匈奴安边境之策，抱枯竹，守空言，不知趋舍之宜，时世之变，议论无所依……②

（7）至治之世，其民不好空言虚辞，不好淫学流说。贤不肖各反其质，行其情，不雕其素，蒙厚纯朴，以事其上。③

上面句中的"空言"：（1）（2）（7）是指名与实不相符；（3）是指名与实一致；（6）是指古代的某种学说；（4）和（5）用意相同，意思是所谓"空言"是以"行事"为依据的，而不是无凭据的乱说。《史记·廉颇蔺相如列传·索隐》对（4）的注释很到位："孔子言我徒欲立空言，设褒贬，则不如附见于当时所因之事。人臣有僭侈篡逆，因就此笔削以褒贬，深切著明而书之，以为将来之诫者也。""空言"说明了司马迁决心以孔子为榜样，用立言的方式"述往事，思来者"，不发无依据的"空言"，以此来"遂其志之思"，从而实现自己的人生价值。

文采

（1）《春秋》论十二世之事，人道浃而王道备。法布二百四十二年之中，相为左右，以成文采，其居参错，非袭古也。④

（2）凡衣裳之生也，为盖形暖身也。然而染五采，饰文章者，非以为益肌肤血气之情也，将以贵贵尊贤，而明别上下之伦，使教亟行，使化易成，为治为之也。若去其度制，使人

---

① 《史记·太史公自序》，卷一百三十，第3298页。

② 王利器校注《盐铁论校注·利议》，中华书局，1992，卷五，第323页。

③ 《吕氏春秋·知度》，上海书店出版社，诸子集成本，1986，卷十七，第208页。

④ 苏舆撰《春秋繁露义证·玉杯》，中华书局，1992，卷一，第32页。

人从其欲，快其意，以逐无穷，是大乱人伦，而靡斯财用也，失文采所遂生之意矣。①

（3）广其节奏，省其文采，以绳德厚。②

（4）乐者，心之动也。声者，乐之象也。文采节奏，声之饰也。君子动其本，乐其象，然后治其饰。③

（5）养有五道：修宫室、安床第、节饮食、养体之道也；树五色，施五采，列文章，养目之道也……④

（6）今子大夫明于阴阳所以造化，习于先圣之道业。然而文采未极，岂惑乎当世之务哉？⑤

（7）故其男不耕耘，女不蚕织，衣必文采，食必粱肉；亡农夫之苦，有仟伯之得。⑥

以上句中的"文采"：（2）（3）（5）（7）意思是错杂艳丽的外表或服饰；（4）是指音乐的威仪；（1）（6）具有明显的褒义色彩，意思是"文辞才华"。第三种意思与司马迁"鄙没世而文采不表于后"中的"文采"意思相一致。从司马迁"鄙没世而文采不表于后"的表白中，我们可以看出他对"立言"的重视。李陵事件之后，"立言"在司马迁心目中的位置已经由"无能之词"转化为"文采"了。尽管在司马迁看来，"立言"不及"立功"，但毕竟这是"倜傥非常之人"和"贤圣"才能做到的大事。司马迁经过痛苦思索之后，终于把"立言"，亦即成"一家之言"当成实现生命价值并值得为之奋斗终生的事业了。

---

① 苏舆撰《春秋繁露义证·度制》，中华书局，1992，卷八，第 232 页。
② 《礼记·乐记》，岳麓书社，1989，第 428 页。
③ 《礼记·乐记》，第 429 页。
④ 《吕氏春秋·孝行》，上海书店出版社，诸子集成本，1986，卷十四，第 138 页。
⑤ 严可均辑《全汉文·（汉武帝）元光五年策贤良制》，卷三，第 25 页。
⑥ 严可均辑《全汉文·（晁错）说文帝令民入粟受爵》，卷十八，第 189 页。

第二章

"一家之言"理政思想的基点

在遭受李陵事件的沉重打击之后，司马迁的人生价值观已由追求建立现实功业，转变为"立言"，也就是说，李陵事件之后，司马迁已经把"立言"视为实现其生命价值的事业。那么，司马迁这一事业的基点是什么呢？本章拟从《史记》以黄帝开篇为切入点，来分析司马迁"一家之言"理政思想的基点。

一　尊奉儒家古史观

对于《史记·五帝本纪》以黄帝为五帝之首，历代学者褒贬不一。褒之者以顾颉刚为代表，他认为司马迁"在方士和阴阳家极活动的空气之中排斥许多古帝王"而断黄帝为上限，是"有眼光与有勇气"的，并称赞司马迁具有"严厉和确定"的"裁断精神"。[1] 贬

---

① 见吕思勉等编《古史辨》第七册（上编），第47、48页。《战国秦汉间人的造伪与辨伪》："《六艺》中的《尚书》是始于尧舜的；还有《礼》家杂记的《五帝德》和《帝系姓》，虽然'儒者或不传'，究竟还为一部分的儒者所信，这两篇中的历史系统是从黄帝开始的。司马迁在他自己所立的标准之下，根据了这些材料来写史，所以他的书也起于黄帝。黄帝以前，他已在传说中知道有神农氏（《五帝本纪》），伏羲（《自序》），无怀氏和泰帝（《封禅记》），但他毅然以黄帝为断限，黄帝以前的一切付之不闻不问。这件事看似容易，其实很难；我们只要看司马贞忍不住替他补《三皇五帝》，就可知道他在方士和阴阳家极活动的空气之中排斥许多古帝王怎样的有眼光与有勇气了。他虽然承认有黄帝，而好些黄帝的记载他都不信。所以他说：'予读《谍记》，黄帝以来皆有年数。'（《三代世表》）似乎可以在他自己书中排出一个综合的年表来了，然而他决绝地说：'稽其历谱谍，终始五德之传……咸不同，乖异，夫子之弗论次其年月，岂虚哉！'（同上）……我们只要看《史记》以后讲古史的书有哪几种是没有共和以前的年数的，就可以知道他的裁断精神是怎样的严厉和确定了。"

之者以梁启超为代表，他说："带有神话性的（人物），纵然伟大，不应作传。譬如黄帝很伟大，但不见得真有其人。太史公作《五帝本纪》，亦作得恍惚迷离。不过说他（生而神灵，弱而能言，幼而徇齐，长而敦敏，成而聪明）这些话，很象词章家的点缀堆砌，一点不踏实，其余的传说，资料尽管丰富，但绝对靠不住。纵然不抹杀，亦应怀疑。"① 还有学者认为黄帝以前的也不应该遗漏，如梁玉绳说："夫略三皇可也，缺少昊可也，而遗羲、农不可也。"② 司马贞、苏辙甚至补写了《三皇本纪》。当然，也有人对补写《三皇本纪》做了批评，如柯维骐说："皇甫谧作《帝王代纪》，苏子由作《古史》，郑樵作《通志》，并祖孔安国，以伏牺、神农、黄帝为三皇，少昊、颛顼、帝喾、尧、舜为五帝。五峰双湖胡氏又主秦博士天皇、地皇、人皇之议，而以伏牺、神农、黄帝、尧、舜为五帝，道原刘氏遂以为定论。窃谓皆不如太史公之说为有征耳。"③ 那么，究竟该怎么看待这一问题呢？

对于《史记》上限断为黄帝而没有追溯到更古远的原因，从《史记》本文来看，似乎是司马迁认为黄帝以前太久远，没法弄清真相。如《史记》中共有七次提到神农，但只是引用或用作陪衬，均没有对神农的政治和神农之世作描述。其中有两处似乎说明了他这样做的原因，一处是《历书》："太史公曰：神农以前尚矣。"④ 另一处是《货殖列传》："太史公曰：夫神农以前，吾不知已。"⑤ 如果说舍弃神农之世不写，是因为神农之世太久远了，没法弄清其实情，那么黄帝之世就不太久远吗？司马迁在《三代世表》中不

---

① 梁启超：《中国历史研究法补编》，商务印书馆，1934，第70～71页。
② 梁玉绳：《史记志疑》，中华书局，1981，卷一，第1页。
③ 《史记考要》，卷一，明嘉靖二十年刻本。
④ 《史记·历书》，卷二十六，第1256页。
⑤ 《史记·货殖列传》，卷一百二十九，第3253页。

是说"太史公曰：'五帝、三代之记，尚矣。'"吗？① 实际上，对此早就有人指出，上古历史是难以弄清真相的：

> 杨朱曰："太古之事灭矣，孰志之哉？三皇之事，若存若亡；五帝之事，若觉若梦；三王之事，或隐或显，亿不识一。当身之事，或闻或见，万不识一。目前之事或存或废，千不识一。太古至于今日，年数固不可胜纪。"②

> 五帝之外无传人，非无贤人也，久故也。五帝之中无传政，非无善政也，久故也。禹、汤有传政而不若周之察也，非无善政也，久故也。传者久则论略，近则论详，略则举大，详则举小。愚者闻其略而不知其详，闻其小而不知其大也，是以文久而灭节，族久而绝。③

既然如此，那么，为何同是"尚矣"古远的神农和黄帝，司马迁却不写神农而写黄帝？司马贞《史记正义》认为这是因为"太史公依《世本》《大戴礼》，以黄帝、颛顼、帝喾、唐尧、虞舜为五帝"④。对此，梁玉绳予以了驳正。⑤ 对于《史记》上限断为黄帝而没有追溯到更古远的原因，目前学术界有以下几种观点：（1）张大可认为，因轩辕氏"修德振兵"，统一了天下；《史记》开卷起黄帝，寓意于颂扬大一统；中华民族皆黄帝子孙。⑥（2）程金造认

---

① 《史记·三代世表》，卷十三，第 487 页。
② 《列子·杨朱》，上海书店出版社，诸子集成本，1986，第 85 页。
③ 《荀子·非相》，上海书店出版社，诸子集成本，1986，第 52~53 页。（《韩诗外传》有一段转用了这段："夫五帝之前无传人，非无贤人，久故也；五帝之中无传政，非无善政，久故也；虞夏有传政，不如殷周之察也，非无善政，久故也。夫传者久则愈略，近则愈详，略则举大，详则举细。"《韩诗外传》卷三。）
④ 《史记·五帝本纪》，中华书局点校本，1982，卷一，第 1 页。
⑤ 参见梁玉绳《史记志疑》，中华书局，1981，卷一，第 1~2 页。
⑥ 张大可：《史记论赞辑释》，陕西人民出版社，1986，第 47~48 页。

为，太史公著《史记》始自黄帝是效法孔子《春秋》之拨乱反正，目的是"成一家之言"，为百代立法（按：立黄帝法天则地之法）。[①]袁传璋在《太史公生平著作考论》中持此说。（3）受汉初黄老思想的影响。张大可的观点很有见地，但他没有展开论述。程金造的观点不具有说服力，因为要为百代立"法天则地"之法，完全可以以尧为五帝之首，没有必要上溯到黄帝。《论语·泰伯》："大哉，尧之为君也！巍巍乎！唯天为大，唯尧则之，荡荡乎，民无能名焉。巍巍乎其有成功也，焕乎其有文章！"[②]这里孔子已明确说明了尧"法天"，"法天"自然包含"则地"之义。第三种观点则是错误的，因为《五帝本纪》之中黄帝的思想与司马迁所称道的黄老思想很不相符。我认为《史记》以黄帝开篇是有其深意的。它蕴涵着司马迁理政思想的两个基点，即一个理想的理政思想基点——尊奉儒家古史观；一个现实的理政思想基点——尊汉。

我国古代的思想者出于批判、督责现实政治和建构，宣扬自己政治思想的需要，往往都要追溯历史，建构自己的古史系统，并以此为出发点来探寻社会历史发展的规律和趋势。在先秦，古史观的建构和社会发展规律的探寻又呈现出两种主要的倾向：一派以道家和儒家为代表，他们把往古社会与政治描绘得十分美好，认为社会的进程与人类的政治是日趋堕落的，以此来反衬现实社会与政治的缺陷；一派以法家为代表，他们则认为往古社会与现实社会一样，都存在着需要解决的矛盾和问题，认为社会和政治没有优劣之分，不同的时代需要不同的政治，只要适应时代发展的便优，反之则劣。客观地说，前一种描述自己的理想社会和理想政治，并将人类社会和政治放在历史进程中进行考察的思维方式，是具有一定的积

---

① 程金造：《史记管窥》，陕西人民出版社，1985，第68~84页。
② 杨伯峻译注《论语译注·泰伯》，中华书局，1980，第83页。

极意义的。它可以让思想者不拘泥于当下政治，而是借鉴历史经验来审视现实政治，以督责统治者，"鉴古知今""志古自镜"是他们思考政治的模式之一。这种政治思考模式，对于关注现实政治的思想者来说，更有意义的，或者说更有意味的是：他们所描述的、所谓的理想的往古社会和政治，实质上是其所希望的、未来能实现的社会和政治理想。所以，从思想者所建构的古史系统入手考察，有助于我们准确理解他们的政治观。

秦汉时期的思想者很好地发扬了这一思想传统。如法家的代表人物韩非子把历史分为上古、中古和近古三个阶段：

> 上古之世，人民少而禽兽众，人民不胜禽兽虫蛇；有圣人作，构木为巢，以避群害，而民悦之，使王天下，号之曰有巢氏。民食果蓏蚌蛤，腥臊恶臭而伤害腹胃，民多疾病；有圣人作，钻燧取火以化腥臊，而民说之，使王天下，号之曰燧人氏。中古之世，天下大水，而鲧、禹决渎。近古之世，桀、纣暴乱，而汤、武征伐。今有构木钻燧于夏后氏之世者，必为鲧、禹笑矣；有决渎于殷、周之世者，必为汤、武笑矣。然则今有美尧、舜、汤、武、禹之道于当今之世者，必为新圣笑矣。是以圣人不期修古，不法常可，论世之事，因为之备。①

在韩非子的思想中，尽管还残留着今不如古的痕迹，但其基本思想还是肯定社会是发展变化的，主张政治应当随着社会进程的变化而变化，所谓"世异则事异""事异则备变""上古竞于道德，中世逐于智谋，当今争于气力"就反映出他与时俱进的政治理念。

与法家不同，秦汉道家和儒家学者常常用上古社会的美好来批

---

① 王先慎撰《韩非子集解·五蠹》，中华书局，1998，卷十九，第442页。

判当下社会的弊端，用政治榜样"圣王"的完美来框范当权者。如道家思想者刘安不满世风的堕落，发出了"上世体道而不德，中世守德而弗坏也，末世绳绳乎唯恐失仁义"① 的感慨。在《淮南子》中，他多次饱含深情地描绘了上古世界的美好图景：

> 太清之始也，和顺以寂漠，质真而素朴，闲静而不躁，推而无故，在内而合乎道，出外而调于义，发动而成于文，行快而便于物，其言略而循理，其行悦而顺情，其心愉而不伪，其事素而不饰，是以不择时日，不占卦兆，不谋所始，不议所终，安则止，激则行，通体于天地，同精于阴阳，一和于四时，明照于日月，与造化者相雌雄。是以天覆以德，地载以乐，四时不失其叙，风雨不降其虐，日月淑清而扬光，五星循轨而不失其行。当此之时，玄玄至砀而运照。凤麟至，著龟兆，甘露下，竹实满，流黄出而朱草生，机械诈伪，莫藏于心。②

> 至德之世，甘瞑于溷澜之域，而徙倚于汗漫之宇，提挈天地而委万物，以鸿濛为景柱，而浮扬乎无畛崖之际。是故圣人呼吸阴阳之气，而群生莫不颙颙然仰其德以和顺。当此之时，莫之领理决离，隐密而自成，浑浑苍苍，纯朴未散，旁薄为一，而万物大优，是故虽有羿之知而无所用之。③

这里刘安完全继承了老庄思想对往古世界的认识和政治理念，表达了其对往古社会和上古"无为"政治的向往与赞美之情，也反映出他对现实社会和"人为"政治的厌恶和反感。

---

① 何宁撰《淮南子集释·缪称训》，中华书局，1998，卷十，第706页。
② 何宁撰《淮南子集释·本经训》，中华书局，1998，卷八，第555～557页。
③ 何宁撰《淮南子集释·俶真训》，中华书局，1998，卷二，第134～135页。

尊儒的董仲舒则把因实施礼乐教化而使民风淳朴的五帝三王时代视为黄金时代，他说：

> 五帝三王之治天下，不敢有君民之心。什一而税。教以爱，使以忠，敬长老，亲亲而尊尊，不夺民时，使民不过岁三日，民家给人足，无怨望忿怒之患，强弱之难，无谗贼妒疾之人。民修德而美好，被发衔哺而游，不慕富贵，耻恶不犯。父不哭子；兄不哭弟。毒虫不螫，猛兽不搏，抵虫不触。故天为之下甘露，朱草生，醴泉出，风雨时，嘉禾兴，凤凰麒麟游于郊。图圄空虚，画衣裳而民不犯。四夷传译而朝。民情至朴而不文。①

很显然，董仲舒继承了先秦儒家的古史理念。

由《五帝本纪》中司马迁对黄帝之世以及黄帝政治歌颂式的叙述可知，与董仲舒一样，司马迁也继承了孔子"祖述尧舜，宪章文武"的政治观和古史理念。

二 秦汉传播语境中的"五帝"

从史料分析，秦汉时期，"五帝"这一概念已被广泛运用，但这种运用往往是仅限于征用"五帝"这个概念来作为证明自己观点的论据，因此，对"五帝"的褒贬，也随着征引者所要证明的观点及其征引的目的的不同而不同。但也有一点是可以肯定的，这就是，大致说来，信奉儒家思想者对五帝持褒扬态度，信奉法家和道家思想者往往对五帝持贬抑态度。

---

① 苏舆撰《春秋繁露义证·王道》，中华书局，1992，卷四，第101～103页。

秦汉时期"五帝"概念的运用

从现有文献看,"五帝"作为一个集合名词,最早出现在先秦著作《荀子·非相》篇中,"五帝之外无传人,非无贤人也,久故也。五帝之中无传政,非无善政也,久故也。"① 但荀子并没有具体说明是指哪五个帝王。在《荀子·议兵》中又有"四帝"之说,此篇荀子明确了"四帝"是指尧、舜、禹和汤②。然而,此处的"四帝"与《非相》中的"五帝"是否有关联,却不得而知。"五帝"一词为何首先在《荀子》中出现,这大概与邹衍"五德终始"之说有关。邹衍虽是齐人,但荀子曾游学于齐,他当受邹衍学说的影响。据记载,首先采用"五德终始"之说并使之与政治实践相结合的是秦始皇,《史记·封禅书》说:"自齐威、宣之时,邹子之徒论著终始五德之运,及秦帝而齐人奏之,故始皇采用之。"③"始皇推终始五德之传,以为周得火德,秦代周德,从所不胜。方今水德之始……"④ 也许是由于统治者的重视,秦始皇统治时期,"五帝"一词被官方和学者广泛运用。秦王嬴政令大臣议帝号,丞相绾、御史大夫劫、廷尉斯等就抬出"五帝"进说⑤。登上皇位后,秦始皇为了宣示威权,彰显功绩,巡行天下,在歌功颂德的石刻中,也多次提到五帝:

---

① 《荀子·非相》,上海书店出版社,诸子集成本,1986,卷三,第52页。
② 《荀子·议兵》:"是以尧伐谨兜,舜伐有苗,禹伐共工,汤伐有夏,文王伐崇,武王伐纣,此四帝两王,皆以仁义之兵行于天下也。"(上海书店出版社,诸子集成本,1986,卷十,第185~186页。)
③ 《史记·封禅书》,卷二十八,第1368页。
④ 《史记·秦始皇本纪》,卷六,第237页。
⑤ 丞相绾、御史大夫劫、廷尉斯等皆曰:"昔者五帝地方千里,其外侯服夷服,诸侯或朝或否,天子不能制。今陛下兴义兵,诛残贼,平定天下,海内为郡县,法令由一统,自上古以来未尝有,五帝所不及。臣等谨与博士议曰:'古有天皇,有地皇,有泰皇,泰皇最贵。'臣等昧死上尊号,王为'泰皇'。命为'制',令为'诏',天子自称曰'朕'。"王曰:"去'泰',著'皇',采上古'帝'位号,号曰'皇帝'。他如议。"制曰:"可。"(《秦始皇本纪》,卷六,第236页。)

人迹所至，无不臣者。功盖五帝，泽及牛马。莫不受德，各安其宇。①

古之五帝三王，知教不同，法度不明，假威鬼神，以欺远方，实不称名，故不久长。②

这里秦始皇认为，自己的英明与功绩都超过五帝，表现出一种傲视五帝的气概。又如，始皇三十四年，秦始皇置酒咸阳宫，博士与大臣发生是设置郡县还是实行分封制的争论：

丞相李斯曰："五帝不相复，三代不相袭，各以治，非其相反，时变异也。今陛下创大业，建万世之功，固非愚儒所知。且越言乃三代之事，何足法也？"③

这里李斯认为五帝不足效法，提出了因时变而设立制度的指导思想，骨子里也透露出对五帝的蔑视。李斯蔑视五帝，实质是对先秦儒家思想的否定。司马迁在《秦始皇本纪》赞中，明确表达了秦始皇及其臣属这一思想的不足取："始皇自以为功过五帝，地广三王，而羞与之侔。善哉乎，贾生推言之也！"④"贾生推言之"指的是，贾谊《过秦论》把秦灭亡的原因总结为"仁义不施而攻受之势异也"。写于秦始皇时期的《吕氏春秋》对"五帝"的评价却与官方不太一致：

（1）五帝先道而后德，故德莫盛焉；三王先教而后杀，

---

① 《史记·秦始皇本纪》，卷六，第245页。
② 《史记·秦始皇本纪》，卷六，第246~247页。
③ 《史记·秦始皇本纪》，卷六，第254页。
④ 《史记·秦始皇本纪》，卷六，第276页。

故事莫功焉；五伯先事而后兵，故兵莫强焉。①

（2）五帝三王之于乐尽之矣。乱国之主未尝知乐者，是常主也。夫有天赏得为主，而未尝得主之实，此之谓大悲。②

（3）古之君民者，仁义以治之，爱利以安之，忠信以导之，务除其灾，思致其福。……此五帝三王之所以无敌也。③

（4）天下非一人之天下也，天下之天下也。阴阳之和，不长一类；甘露时雨，不私一物；万民之主，不阿一人。……天地大矣，生而弗子，成而弗有，万物皆被其泽，得其利，而莫知其所由始。此三皇五帝之德也。④

（5）古圣王有义兵而无有偃兵。兵之所自来者上矣，与始有民俱。……兵所自来者久矣。黄、炎故用水火矣，共工氏固次作难矣，五帝固相与争矣。递兴废，胜者用事。⑤

（6）天下无粹白之狐，而有粹白之裘，取之众白也。夫取于众，此三皇五帝之所以大立功名也。⑥

（7）变化应求而皆有章，因性任物而莫不宜当，彭祖以寿，三代以昌，五帝以昭，神农以鸿。⑦

（8）夫孝，三皇五帝之本务，而万事之纪也。夫执一术而百善至，百邪去，天下从者，其惟孝也！⑧

---

① 高诱注《吕氏春秋·先己》，上海书店出版社，诸子集成本，1986，卷三，第28页。
② 《吕氏春秋·季夏纪·明理》，卷六，第61～62页。
③ 《吕氏春秋·离俗览·适威》，卷十九，第246页。
④ 《吕氏春秋·孟春纪·贵公》，卷一，第8页。
⑤ 《吕氏春秋·孟秋纪·荡兵》，卷七，第66～67页。
⑥ 《吕氏春秋·孟夏纪·用众》，卷四，第42页。
⑦ 《吕氏春秋·审分览·执一》，卷十七，第215页。
⑧ 《吕氏春秋·孝行览·孝行》，卷十四，第137页。

吕不韦对"五帝"基本上是持一种赞赏的态度，认为"五帝"是值得统治者学习的政治榜样。又由于吕不韦思想杂糅，所以，他还常常把"五帝"与"三皇"相提并论。

汉朝建立，"五德终始"学说由于一帮文人的鼓吹发挥，加之统治者出于巩固政权的需要，也予以采纳运用。因此，这种学说也就进一步流行起来：

> 汉相张苍历谱五德，上大夫董仲舒推《春秋》义，颇著文焉。①

> 至孝文时，鲁人公孙臣以终始五德上书，言"汉得土德，宜更元，改正朔，易服色。当有瑞，瑞黄龙见"。②

> 自汉兴至孝文二十餘年，会天下初定……张苍为计相时，绪正律历。以高祖十月始至霸上，因故秦时本以十月为岁首，弗革。推五德之运，以为汉当水德之时，尚黑如故。③

> 余读谍记，黄帝以来皆有年数。稽其历谱谍终始五德之传，古文咸不同，乖异。④

大概是出于证明汉政权受命称帝的合法性的需要，"五德终始"学说在汉初迅速盛行起来，因此，与"五德终始"说紧密关联的"五帝"的地位也得到迅速提升，并且在官方话语中被广泛称说。如在刘邦面前"时时前说称诗书"，主张"文武并用"的陆贾奉命出使南越。南越首领尉他问陆贾："我孰与皇帝贤?"陆贾回答说："皇帝起丰沛，讨暴秦，诛强楚，为天下兴利除害，继五帝三王之

---

① 《史记·十二诸侯年表》，上海古籍出版社，1997，卷十四，第358页。
② 《史记·历书》，卷二十六，第1260页。
③ 《史记·张丞相列传》，卷九十六，第2681页。
④ 《史记·三代世表》，卷十三，第488页。

业，统理中国。"① 陆贾称刘邦继承了五帝三王之业，这与司马迁"维我汉继五帝末流，接三代绝业"②的观点相一致。陆贾主张法先王时，也往往拿五帝来做榜样：

> 君明于德，可以及远；臣笃于义，可以致大。何以言之？昔汤以七十里之封而升帝王之位；周公自立三公之官比德于五帝三王；斯乃口出善言、身行善道之所致也。③

> 今之为君者则不然，治不法乎尧、舜以五帝之术，则曰今之世不可以道德治也。④

这里陆贾称赞五帝是"明于德""笃于义""口出善言""身行善道""以道德治"的典范。与陆贾同时代的叔孙通也常常称说五帝：

> （叔孙通）说上曰："夫儒者难与进取，可与守成。臣原征鲁诸生，与臣弟子共起朝仪。"高帝曰："得无难乎？"叔孙通曰："五帝异乐，三王不同礼。礼者，因时世人情为之节文者也。"⑤

叔孙通推崇儒术，他鼓吹改礼制乐，希望刘邦以五帝、三王为榜样，"因时世人情"改制作乐。

汉武帝即位后，雄心勃勃，决定"更始"。在诏书中，他多次

---

① 《史记·郦生陆贾列传》，卷九十七，第2698页。
② 《史记·太史公自序》，卷一百三十，第3319页。
③ 陆贾：《新语·明诫》，辽宁教育出版社，1998，第15页。
④ 陆贾：《新语·思务》，辽宁教育出版社，1998，第17页。
⑤ 《史记·刘敬叔孙通列传》，卷九十九，第2722页。

提到五帝：

　　盖闻五帝、三王之道，改制作乐，而天下洽和，百王同之。①

　　公卿大夫，所使总方略、壹统类、广教化、美风俗也。夫本仁祖义，褒德禄贤，劝善刑暴，五帝三王所繇昌也。②

　　朕闻五帝之教不相复而治；禹汤之法不同道而王，所由殊路，而建德一也。③

汉武帝为了推行其"更始"的治国方略，在诏书中既肯定了五帝"本仁祖义，褒德禄贤，劝善刑暴"的治国理念；又指出了五帝之道与五帝之教不可重复，也就是说，时代不同了，汉统治应该在学习五帝治理国家成功经验的基础上，因应时势的变化，开创出一条与古代帝王不同的"殊路"来，④ 而不应该简单照搬五帝三王之道来治理国家。

　　晁错也把五帝看成理想的帝王⑤，董仲舒主张"奉天法古"，

---

① 严可均辑《全汉文·（武帝）元光元年策贤良制》，商务印书馆，1999，卷三，第24页。

② 严可均辑《汉书·（武帝）议不举孝廉者罪诏》，商务印书馆，1999，卷三，第27页。

③ 《史记·平准书》，卷三十，第1422页。《汉书·武纪·议置武功驰赏官诏》引用这一段，略有删节："朕闻五帝不相复礼，三代不同法，所繇殊路，而建德一也。"

④ 制诏御史："盖受命而王，各有所由兴，殊路而同归，谓因民而作，追俗为制也。议者咸称太古，百姓何望？汉亦一家之事，典法不传，谓子孙何？化隆者闳博，治浅者褊狭，可不勉与？"（《史记·礼书·元封七年定礼仪诏》，中华书局点校本，卷二十三，第1160～1161页。）

⑤ 诏策曰，"明于国家大体"，愚臣窃以古之五帝明之。臣闻五帝神圣，其臣莫能及，故自亲事，处于法宫之中，明堂之上；动静上配天，下顺地，中得人。故众生之类，亡不覆也；根著之徒，亡不载也；烛以光明，亡偏异也；德上及飞鸟，下至水虫，草木诸产，皆被其泽。然后阴阳调，四时节，日月光，风雨时，膏露降……民不疾疫，河出图，洛出书，神龙至，凤鸟翔，德泽满天下，灵光施四海。此谓配天地，治国大体之功也。（严可均辑《全汉文·（晁错）贤良文学对策》，第182页。）

他说:"《春秋》之道,奉天而法古。"① 又说:

> 有非力之所能致而自至者,西狩获麟,受命之符是也。然后托乎《春秋》正不正之间,而明改制之义。一统乎天子,而加忧于天下之忧也,务除天下所患。而欲以上通五帝,下极三王,以通百王之道,而随天之终始,博得失之效,而考命象之为,极理以尽情性之宜,则天容遂矣。②
>
> 五帝三王之治天下,不敢有君民之心。什一而税。教以爱,使以忠,敬长老,亲亲而尊尊,不夺民时,使民不过岁三日,民家给人足,无怨望忿怒之患,强弱之难,无谗贼妒疾之人,民修德而美好,被发衔哺而游,不慕富贵,耻恶不犯。父不哭子;兄不哭弟,毒虫不螫,猛兽不搏,抵虫不触。故天为之下甘露,朱草生,醴泉出,风雨时,嘉禾兴,凤凰麒麟游于郊。囹圄空虚,画衣裳而民不犯,四夷传译而朝,民情至朴而不文,郊天祀地,秩山川,以时至,封于泰山,禅于梁父。立明堂,宗祀先帝,以祖配天,天下诸侯各以其职来祭。贡土地所有,先以入宗庙,端冕盛服而后见先。德恩之报,奉先之应也。③

第一段中董仲舒指出,"受命"之君要"随天之终始""考命象之为,极理以尽情性之宜",以达到"上通五帝,下极三王,以通百王之道"的目的。第二段他极力描画了五帝三王治国理民的良苦用心,五帝三王时期民众的淳朴和生活的安逸,以及上天因此而显现的种种祥瑞,渗透着理想主义色彩。可见,在董仲舒思想里,五

---

① 苏舆撰《春秋繁露义证·楚庄王》,中华书局,1992,卷一,第14页。
② 苏舆撰《春秋繁露义证·符瑞》,中华书局,1992,卷六,第157~158页。
③ 苏舆撰《春秋繁露义证·王道》,中华书局,1992,卷四,第101~105页。

帝是德治的典型，是值得推崇敬仰的偶像。①

汉代的另一部著作《淮南子》中的五帝也时或成为被褒扬的对象，但相对于以上各家，《淮南子》中的五帝却有些驳杂。

> 五帝三王，轻天下，细万物，齐死生，同变化，抱大圣之心，以镜万物之情，上与神明为友，下与造化为人。今欲学其道，不得其清明玄圣，而守其法籍宪令，不能为治亦明矣。……故三皇五帝，法籍殊方，其得民心均也。②
>
> 逮至夏桀之时，主暗晦而不明，道澜漫而不修，弃捐五帝之恩刑，推蹶三王之法籍。……逮至当今之时，天子在上位，持以道德，辅以仁义，近者献其智，远者怀其德，拱揖指麾而四海宾服，春秋冬夏皆献其贡职，天下混而为一，子孙相代，此五帝之所以迎天德也。夫圣人者，不能生时，时至而弗失也。辅佐有能，黜谗佞之端，息巧辩之说，除刻削之法，去烦苛之事，屏流言之迹，塞朋党之门，消知能，修太常，隳肢体，绌聪明，大通混冥，解意释神，漠然若无魂魄，使万物各复归其根，则是所修伏牺氏之迹，而反五帝之道也。③
>
> 五帝三王，殊事而同指，异路而同归。晚世学者，不知道之所一体，德之所总要，取成之迹，相与危坐而说之，鼓歌而舞之，故博学多闻而不免于惑。④

---

① 汉代韩婴、东方朔与董仲舒一样，也很推崇五帝。韩婴："天道亏盈而益谦，地道变盈而流谦，鬼神害盈而福谦，人道恶盈而好谦。谦者，抑事而损者也，持盈之道，抑而损之，此谦德之于行也，顺之者吉，逆之者凶。五帝既没，三王既衰，能行谦德者，其惟周公乎！"（《韩诗外传》卷三）东方朔："上以安主体，下以便万民，则五帝三王之道可几而见矣。"（见严可均辑《全汉文·非有先生论》，商务印书馆，1999，卷二十五，第256页。）

② 何宁撰《淮南子集释·齐俗训》，中华书局，1998，卷十一，第797~800页。

③ 何宁撰《淮南子集释·览冥训》，中华书局，1998，卷六，第485~497页。

④ 何宁撰《淮南子集释·本经训》，中华书局，1998，卷八，第581页。

所谓礼义者，五帝三王之法籍、风俗，一世之迹也。①

故五帝异道而德覆天下，三王殊事而名施后世，此皆因时变而制礼乐者。②

自古及今，五帝三王，未有能全其行者也。③

黄帝尝与炎帝战矣。颛顼尝与共工争矣。故黄帝战于涿鹿之野，尧战于丹水之浦，舜伐有苗，启攻有扈，自五帝而弗能偃也，又况衰世乎！④

古者，五帝贵德，三王用义，五霸任力。⑤

昔者，五帝三王之莅政施教，必用参五。⑥

五帝三王之道，天下之纲纪，治之仪表也。⑦

《泰族》者……所以览五帝三王，怀天气，抱天心，执中含和，德形于内，以著凝天地，发起阴阳，序四时，正流方，绥之斯宁，推之斯行，乃以陶冶万物，游化群生，唱而和，动而随，四海之内，一心同归。⑧

在《淮南子》中，"五帝"的德行与功业有时是完美的，有时又是有缺陷的；有时是儒家的典范，有时又是道家的化身。

从以上分析可以得出：在秦汉传播语境中，"五帝"一词已被官方和学者广泛运用，但"五帝"的品质和功业具有不确定性，作者主要是把"五帝"当作证明自己观点的例子，依据需要而随意确定。直到司马迁，才把五帝，特别是黄帝的形象和政治品质确

---

① 何宁撰《淮南子集释·齐俗训》，中华书局，1998，卷十一，第792页。
② 何宁撰《淮南子集释·氾论训》，中华书局，1998，卷十三，第919页。
③ 何宁撰《淮南子集释·氾论训》，中华书局，1998，卷十三，第965页。
④ 何宁撰《淮南子集释·兵略训》，中华书局，1998，卷十五，第1044~1045页。
⑤ 何宁撰《淮南子集释·人间训》，中华书局，1998，卷十八，第1296页。
⑥ 何宁撰《淮南子集释·泰族训》，中华书局，1998，卷二十，第1387页。
⑦ 何宁撰《淮南子集释·泰族训》，中华书局，1998，卷二十，第1424页。
⑧ 何宁撰《淮南子集释·要略》，中华书局，1998，卷二十一，第1452~1453页。

定下来。

"五帝"的确指和"五帝"的顺序

下面再分析"五帝"的确指与排列顺序。秦汉时期有两个"五帝"系统。一个系统是《吕氏春秋》在其《十二纪》中列出的：

> 孟春之月，日在营室，昏参中，旦尾中。其日甲乙，其帝太皞，其神句芒……①
>
> 孟夏之月，日在毕，昏翼中，旦婺女中。其日丙丁，其帝炎帝，其神祝融……②
>
> 中央土，其日戊己，其帝黄帝，其神后土……③
>
> 孟秋之月，日在翼，昏斗中，旦毕中。其日庚辛，其帝少皞，其神蓐收……④
>
> 孟冬之月，日在尾，昏危中，旦七星中。其日壬癸，其帝颛顼，其神玄冥……⑤

《淮南子·天文训》及《礼记·月令》亦承此说。⑥ 据顾颉刚研究，

---

① 高诱注《吕氏春秋·孟春》，上海书店出版社，诸子集成本，1986，第1页。
② 《吕氏春秋·孟夏纪·孟夏》，卷四，第34页。
③ 《吕氏春秋·季夏纪·季夏》，卷六，第55页。
④ 《吕氏春秋·孟秋纪·孟秋》，卷七，第65页。
⑤ 《吕氏春秋·孟冬纪·孟冬》，卷十，第94页。
⑥ 《淮南子·天文训》："何谓五星？东方，木也，其帝太皞，其佐句芒……南方火也，其帝炎帝，其佐朱明……中央土也。其帝黄帝，其佐后土……西方，金也，其帝少昊，其佐蓐收……北方水也。其帝颛顼，其佐玄冥……"（何宁撰《淮南子集释》，中华书局，1998，卷三，第183~188页。）《礼记·月令》："孟春之月，日在营室，昏参中，旦尾中。其日甲乙。其帝大皞，其神句芒。……孟夏之月，日在毕，昏翼中，旦婺女中。其日丙丁。其帝炎帝，其神祝融。……中央土。其日戊己。其帝黄帝，其神后土。……孟秋之月，日在翼，昏建星中，旦毕中。其日庚辛。其帝少皞，其神蓐收。……孟冬之月，日在尾，昏危中，旦七星中。其日壬癸。其帝颛顼，其神玄冥。"（陈戌国点校《周礼·仪礼·礼记》，岳麓书社，1989，第340~349页。）

这一系统在秦汉时期并不被重视，影响也很有限。① 另一个系统是《吕氏春秋·仲夏纪·古乐》与《吕氏春秋·孟夏纪·尊师》中列出的：

> 昔黄帝令伶伦作为律。……帝颛顼生自若水……帝喾命咸黑作为《声歌》……帝尧立，乃命质为乐。帝舜乃令质修《九招》……禹立，勤劳天下……②

汉代持此说的较多，如：

> 哀公曰："然则五帝有师乎？"子夏曰："臣闻黄帝学乎大坟，颛顼学乎禄图，帝喾学乎赤松子，尧学乎务成子附，舜学乎尹寿……"③

> 是故周人之王，尚推神农为九皇，而改号轩辕谓之黄帝，因存帝颛顼、帝喾、帝尧之帝号，绌虞而号舜曰帝舜……④

> 平阳侯臣、汝阴侯臣灶、颍阴侯臣何、廷尉臣宜昌、陇西太守臣昆邪，所选贤良太子家令臣错，昧死再拜言：臣窃闻古之贤主，莫不求贤以为辅翼，故黄帝得力牧而为五帝先，大禹得咎繇而为三王祖，齐桓得管子而为五伯长。⑤

基于上面的分析，可以得出：秦和西汉时期（特别是西汉）无论官方，还是学界都普遍认可"五帝"是指黄帝、颛顼、喾、

---

① 顾颉刚：《中国上古史研究讲义》，中华书局，1988，第 47～52 页。

② 《吕氏春秋·古乐》，卷六，上海书店出版社，诸子集成本，1986，第 51～53 页。

③ 韩婴撰、许维遹校释《韩诗外传集释》，中华书局，1996，卷五。

④ 苏舆撰《春秋繁露义证·三代改制质文》，中华书局，1992，卷七，第 199 页。

⑤ 严可均辑《全汉文·贤良文学对策》，商务印书馆，1999，卷十八，第 182 页。

尧和舜。这与《史记·五帝本纪》完全一致。可见，司马迁撰写
《史记》以《五帝本纪》开篇，在一定程度上也是受到了当时学术
文化的影响。但是，我们并不可因此而否定司马迁的"裁定"与
"决断"的功劳。因为司马迁所处的时代，尽管"三皇"之说已显
式微，但却并没有销声匿迹，还常常被提起：

> 于斯之时，天下大说，向风而听，随流而化，喟然兴道而
> 迁义，刑错而不用，德隆于三皇，功美于五帝。（司马相如
> 《上林赋》）
>
> （商太宰）曰："三皇圣者欤？"孔子曰："三皇善任智勇
> 者，圣则丘不知。"①
>
> 故三皇五帝，法籍殊方，其得民心均也。②
>
> 天地大矣，生而弗子，成而弗有，万物皆被其泽，得其
> 利，而莫知其所由始。此三皇五帝之德也。③
>
> 天下无粹白之狐，而有粹白之裘，取之众白也。夫取于
> 众，此三皇五帝之所以大立功名也。④
>
> 凡为天下，治国家，必务本而后末。……夫孝，三皇五帝
> 之本务，而万事之纪也。⑤
>
> 冉有问于孔子曰："古者三皇五帝不用五刑，信乎？"⑥

司马迁能毅然抛弃"三皇"说，而以五帝为《史记》之首，反映
了他的"裁定"与"决断"精神，也反映了他进步的历史观。

---

① 《列子·仲尼第四》，上海书店出版社，诸子集成本，1986，卷四，第41页。
② 何宁撰《淮南子集释·齐俗训》，卷十一，第800页。
③ 《吕氏春秋·贵公》，上海书店出版社，诸子集成本，1986，卷一，第8页。
④ 《吕氏春秋·用众》，卷四，第42页。
⑤ 《吕氏春秋·孝行览·孝行》，卷十四，第137页。
⑥ 《孔子家语·五刑解》，北京燕山出版社，1994，第185页。

"五帝"的德性与功业

如果我们把《五帝本纪》中的黄帝和《五帝本纪》中的尧、舜作个比较，就会发现：尽管司马迁在孔子和"六艺"所叙的尧舜之上加上了一个黄帝，但从他对黄帝与尧舜的叙述来看，黄帝与尧舜的个性品质和功业基本都是相同的，没有实质性的区别（见下表）。

	个 性	功 业
黄帝	生而神灵，弱而能言，幼而徇齐，长而敦敏，成而聪明。	1. 治五气，艺五种，抚万民，度四方。 2. 与炎帝战于阪泉之野，三战，然后得其志。 3. 与蚩尤战于涿鹿之野，遂禽杀蚩尤。 4. 诸侯咸尊轩辕为天子，代神农氏，是为黄帝，天下有不顺者，黄帝从而征之。 5. 官名皆以云命，是为云师。 6. 时播百谷、草木，淳化鸟兽虫蛾，旁罗日月星辰水波，土石金玉。 7. 勤劳心力耳目，节用水火材物。
尧	其仁如天，其知如神；就之如日，望之如云；富而不骄，贵而不舒。	命羲和敬顺昊天，数法日月星辰，敬授民时。命舜摄行天子之政，以观天命。
舜	能和以孝……顺适不失子道，兄弟孝慈……内行弥谨。	1. 乃使舜慎和五典，五典能从，乃遍入百官，百官时序；宾于四门，四门穆穆；诸侯远方宾客皆敬。 2. 帝尧老，命舜摄行天子之政，以观天命；舜乃在璇玑玉衡，以齐七政，遂类于上帝，禋于六宗，望于山川，辩于群神；揖五瑞，择吉月日，见四岳诸牧，班瑞。 3. 五岁一巡狩，群后四朝。遍告以言，明试以功，车服以庸，肇十有二州，决川，象以典刑，流宥五刑。……流共工于幽陵，以变北狄；放谨兜于崇山，以变南蛮；迁三苗于三危，以变西戎；殛鲧于羽山，以变东夷。四罪而天下咸服。 4. 舜举八恺，使主后土，以揆百事，莫不时序；举八元使布五教于四方，父义、母慈、兄友、弟恭、子孝，内平外成。 5. 缙云氏有不才子，贪于饮食，冒于货贿，天下谓之饕餮，天下恶之，比之三凶。舜宾于四门，乃流四凶族，迁于四裔，以御螭魅，于是四门辟，言毋凶人也。 6. 二十二人咸成厥功：皋陶为大理，平，民各伏得其实；伯夷主礼，上下咸让；垂主工师，百工致功；益主虞，山泽辟；弃主稷，百谷时茂；契主司徒，百姓亲和；龙主宾客，远人至；十二牧行而九州莫敢辟违。唯禹之功为大，披九山，通九泽，决九河，定九州，各以其职来贡，不失厥宜。

如所周知，《五帝本纪》中关于黄帝、尧和舜的记载，基本遵循了儒家经典的思想，其中的主干材料大多取材于《尚书》中的《尧典》和《皋陶谟》。也就是说，司马迁的政治观和古史理念与先秦儒家的政治观和古史理念是一致的。他既不相信道家宣扬的所谓"至德之世"，也抛弃了道家反对一切人为的政治理念。在《五帝本纪》中，他结合当时的传播语境，树立了黄帝这样一个合于先秦儒家思想的理政典型，以此来督责批判现实政治。在司马迁笔下，五帝是理想的、近乎完美的帝王。这一点，我们不仅可以从司马迁叙述黄帝时，毅然舍弃那些反映道家思想的黄帝之言中看出，也可以从他舍弃神农而列黄帝为五帝之首中得到佐证。下面简要比较一下司马迁对神农和黄帝的叙述：

（1）太史公曰：神农以前尚矣。盖黄帝考定星历，建立五行，起消息，正闰馀，于是有天地神祇物类之官，是谓五官。各司其序，不相乱也。民是以能有信，神是以能有明德。①

（2）虙戏、神农教而不诛，黄帝、尧、舜诛而不怒。②

（3）武王已平殷乱，天下宗周，而伯夷、叔齐耻之，义不食周粟，隐于首阳山，采薇而食之。及饿且死，作歌。其辞曰："登彼西山兮，采其薇矣。以暴易暴兮，不知其非矣。神农、虞、夏忽焉没兮，我安适归矣？于嗟徂兮，命之衰矣！"③

神农统治时期，无为而治，不使用武力和刑罚，"神农教而不诛"。伯夷、叔齐反对武王"以暴易暴"，发出了"神农、虞、夏忽焉没

---

① 《史记·历书》，卷二十六，第1256页。
② 《史记·赵世家》，卷四十三，第1810页。
③ 《史记·伯夷列传》，卷六十一，第2123页。

兮，我安适归矣？于嗟徂兮，命之衰矣！"的哀叹，他们发自内心
地表达了对神农"不诛"之世的留念。

与神农相反，黄帝却是一个有为的帝王，他"考定星历，建
立五行，起消息，正闰馀，于是有天地神祇物类之官，是谓五官。
各司其序，不相乱"。司马迁在《货殖列传》中说："太史公曰：
夫神农以前，吾不知已。至若《诗》《书》所述虞夏以来，耳目欲
极声色之好，口欲穷刍豢之味，身安逸乐，而心夸矜埶能之荣使，
俗之渐民久矣，虽户说以眇论，终不能化。"① 这里的"《诗》
《书》所述"云云，表明了司马迁在上古史系统的取舍上，遵循
"考信于六艺"的原则，这既表明他尊奉先秦儒家的古史观念，也
表明他认同先秦儒家的政治理念。

三 宣扬、维护汉统治

在中国古代思想史上，或明或暗，总有一股视统治者与被统治
者为对立面的思潮，即为统治者谋划的人，都被列为批判对象，凡
揭露统治者并具有反抗意识的，都在被高度评价之列。这当然没有
什么不对，但绝对化就有些不切合实际了。这种思潮对研究司马迁
"一家之言"的影响，主要表现在：过于强调司马迁对汉统治者的
反抗精神和无情的批判、揭露意识。我认为，尊汉思想是司马迁
"一家之言"的主旨之一，也是司马迁"一家之言"的政治基点之
一。② 《太史公自序》说："且夫孝始于事亲，中于事君，终于立
身。扬名于后世，以显父母，此孝之大者。"③ 司马迁是孝子，也

---

① 《史记》，卷一百二十九，第3253页。
② 此观点参考了我的硕士导师牛鸿恩先生一篇还未发表的论文《司马迁的民族思想之
源》。
③ 《史记》，卷一百三十，第3295页。

是忠臣，他从二十余岁步入仕途到去世，都一直忠心耿耿地为汉政权服务。在很长一个时期，司马迁都把"事君"当作立身和扬名的途径。尽管李陵事件之后他的思想有所发展，但其尊汉思想却始终没有改变。

司马迁强调等级制度，主张尊君抑臣。《汉兴以来诸侯王年表》序说："尊卑明而万事各得其所矣。"① 司马谈的《论六家要指》和司马迁对"要指"的阐释具有浓厚的尊君和等级思想，他说，儒家"列君臣父子之礼……弗能易也"。尽管司马迁对法家没有好感，但他还是充分肯定了法家"尊主卑臣"的思想。他说，法家"正君臣上下之分，不可改矣"②，又说法家"若尊主卑臣，明分职不得相逾越，虽百家弗能改也"③。《惠景间侯者年表》序对长沙王的忠信给予了高度的称赞，说长沙王"称其忠焉""为藩守职，信矣"。④《高祖功臣侯者年表》序对那些不尽职守、不忠于君主的王侯藩臣予以了批评。在《项羽本纪》论赞中，司马迁对项羽在穷途末路时所发出的"天亡我"的感叹给予了批驳，但他在对刘邦得天下的描述和评说中又表现出明显的天意观。他不仅在记叙刘邦出身和起事等方面浓墨重彩地宣扬天意，而且还多次在论赞中直白地宣扬天意。《高祖本纪》论赞说，刘邦"得天统"。《秦楚之际月表》说："此乃传之所谓大圣乎？岂非天哉，岂非天哉！非大圣孰能当此受命而帝者乎？"⑤ 天意决定于人事，或者说天意是降福还是惩罚帝王，其依据是帝王是行善还是作恶，这一点，早在春秋时期就有人认识到了，而且持天人相应思想的人也认可它。司

① 《史记》，上海古籍出版社，1997，卷十七，第 640 页。
② 《史记·太史公自序》，卷一百三十，第 3289 页。
③ 《史记·太史公自序》，卷一百三十，第 3291 页。
④ 《史记》，上海古籍出版社，1997，卷十九，第 799 页。
⑤ 《史记》，卷十六，第 597 页。

马迁宣扬刘邦是受天命称帝，个中原因我认为，除了受天人相应思想的影响外，最主要恐怕还是为了宣扬汉政权的合法性。

钱大昕认为司马迁撰写《史记》的目的有三点，"一曰抑秦，二曰尊汉，三曰纪实"[①]。钱大昕把"尊汉"看作是司马迁撰写《史记》的动机之一，是很有见地的。刘邦用武力夺权，建立西汉，这既不符合尧舜的禅让制，也不符合夏商周的世袭制。其政权的合法性自然就成了一个严肃的问题。就这个问题发生争论的事，《史记·儒林列传》有记载：

> 清河王太傅辕固生者，齐人也。以治《诗》，孝景时为博士。与黄生争论景帝前。黄生曰："汤武非受命，乃弑也。"辕固生曰："不然。夫桀纣虐乱，天下之心皆归汤武，汤武与天下之心而诛桀纣，桀纣之民不为之使而归汤武，汤武不得已而立，非受命为何？"黄生曰："冠虽敝，必加于首；履虽新，必关于足。何者，上下之分也。今桀纣虽失道，然君上也；汤武虽圣，臣下也。夫主有失行，臣下不能正言匡过以尊天子，反因过而诛之，代立践南面，非弑而何也？"辕固生曰："必若所云，是高帝代秦即天子之位，非邪？"于是景帝曰："食肉不食马肝，不为不知味；言学者无言汤武受命，不为愚。"遂罢。是后学者莫敢明受命放杀者。[②]

这场争论发生在景帝统治时期，争论涉及政权来源的合法性问题。黄生以尊君和等级制立言，认为君臣关系是"君上""臣下"的关系，君主即使再昏庸，臣下也不能推翻他。这就从根本上否定了汉

---

① 钱大昕：《潜研堂文集》卷三四《与梁耀北论〈史记〉书》，潜研堂文集本。
② 《史记·儒林列传》，卷一百二十一，第3122~3123页。

政权建立的合法性。辕固则站在汉统治者的立场上，肯定汉武力夺取政权的合法性。他认为，暴君作恶无道，臣下就可以顺应天命，顺应民心，用武力讨伐无道的昏君，夺取其政权。这次争论最后虽然不了了之，但它却反映了即使在汉政权建立五十余年后，其政权的合法性仍是一个有争议的问题，这是问题的一个方面。另一方面，对于诸侯的叛乱、匈奴和南粤的侵扰，汉统治者是否可以用武力征讨。以上两个方面的问题，都需要臣子和文人们寻求理论支持。司马氏父子拥护汉政权的一统，因此，也就自然而然地把维护汉政权合法性和维护汉政治的一统，当成撰写《史记》的宗旨之一了。这我们可以从《五帝本纪》把黄帝列为篇首进行分析论证。

首先，从司马迁的历史观来看，其通史系统的建立，深受董仲舒的春秋公羊学影响，董仲舒学说的目的之一，就是为西汉政权的合法地位寻找理论依据。

董仲舒在《春秋繁露·三代改制质文》中构造了一个独特的通史系统。[1] 这一通史系统认为，古代存在"三王""五帝""九皇"这些名号。以周为例，"三王"便是夏、殷，加上周自己，均为大国；"五帝"便是黄帝、颛顼、帝喾、尧、舜，因时代离周已很久远，所以其后裔均降为小国。"九皇"并不是九个皇，而是顺三王、五帝向上数的第九个朝代的君主，他便是神农，其后裔便降为附庸。但这些名号不是固定的，而是变动的。如时代由周进展到春秋，"三王"便改成春秋（鲁）、周、殷；夏则转为"五帝"之一，后裔降为小国。这叫"王鲁，尚黑，绌夏，亲周，故宋（即殷，宋为殷后裔）"。原"五帝"中的"黄帝"绌为"九皇"，后裔降为附庸，而原"九皇"神农之后裔则降为普通民众了。《史记》之通史系统的框架基本采用董仲舒此说。除了"三王"为夏、

---

① 苏舆撰《春秋繁露义证·三代改制质文》，中华书局，1992，卷七，第 183～213 页。

殷、周，"五帝"正好是黄帝、颛顼、喾、尧、舜，与董说全同外，《五帝本纪》叙写五帝以前的历史，只简略记了一个"神农氏"，同于董说的"九皇"。

为了清楚地说明司马迁列黄帝为篇首的目的是尊汉，下面我们再来考察一下秦汉思想文化中的神农和黄帝。

在秦汉思想文化中，神农、黄帝两人都是上古史中的重要人物。在吕不韦的《吕氏春秋》中，神农、黄帝往往被相提并论：

（1）为天下及国，莫如以德，莫如行义。以德以义，不赏而民劝，不罚而邪止。此神农、黄帝之政也。[①]

（2）三曰：神农师悉诸，黄帝师大挠，帝颛顼师伯夷父，帝喾师伯招，帝尧师子州支父，帝舜师许由。[②]

（3）变化应来而皆有章，因性任物而莫不宜当，彭祖以寿，三代以昌，五帝以昭，神农以鸿。[③]

（4）若夫道德则不然。无讶无訾，一龙一蛇，与时俱化，而无肯专为；一上一下，以禾为量，而浮游乎万物之祖，物物而不物于物，则胡可得而累？此神农、黄帝之所法。[④]

《吕氏春秋》中的神农、黄帝都既具有儒家尊师重学、倡导德义的特点，又具有道家顺应变化、因性任物、与时俱化、物物而不物于物的特点。

在秦汉思想文化中，神农形象得到普遍认同的有两个方面。其一是制作农具，教民耕稼，重视农业：

---

① 《吕氏春秋·上德》，上海书店出版社，诸子集成本，1986，卷十九，第241页。
② 《吕氏春秋·尊师》，上海书店出版社，诸子集成本，1986，卷四，第37页。
③ 《吕氏春秋·执一》，上海书店出版社，诸子集成本，1986，卷十七，第215页。
④ 《吕氏春秋·必己》，上海书店出版社，诸子集成本，1986，卷十四，第156页。

神农之教曰:"士有当年而不耕者,则天下或受其饥矣;女有当年而不绩者,则天下或受其寒矣。"故身亲耕,妻亲绩,所以见致民利也。①

故神农之法曰:"丈夫丁壮而不耕,天下有受其饥者。妇人当年而不织,天下有受其寒者。"故身自耕,妻亲织,以为天下先。其导民也,不贵难得之货,不器无用之物。②

古者,民茹草饮水,采树木之实,食嬴蛖之肉,时多疾病毒伤之害。于是神农乃始教民播种五谷,相土地宜燥湿肥硗高下;尝百草之滋味,水泉之甘苦,令民知所辟就。③

包羲氏没,神农氏作,斲木为耜,揉木为耒,耒耨之利,以教天下,盖取诸《益》。④

其二是因应自然,不用礼乐刑罚,不事征伐,无为而治:

修道理之数,因天地之自然,则六合不足均也。是故禹之决渎也,因水以为师;神农之播谷也,因苗以为教。⑤

昔者,神农之治天下也,神不驰于胸中,智不出于四域,怀其仁诚之心……⑥

故皋陶瘖而为大理,天下无虐刑,有贵于言者也;师旷瞽而为太宰,晋无乱政,有贵于见者也:故不言之令,不视之见,此伏羲、神农之所以为师也。⑦

---

① 《吕氏春秋·开春论·爱类》,卷二十一,第281页。
② 何宁撰《淮南子集释·齐俗训》,中华书局,1998,卷十一,第821页。
③ 《淮南子集释·修务训》,卷十九,第1311~1312页。
④ 周振甫译注《周易译注·系辞下传》,中华书局,1991,第256页。
⑤ 《淮南子集释·原道训》,卷一,第33~34页。
⑥ 《淮南子集释·主术训》,卷九,第609页。
⑦ 《淮南子集释·主术训》,卷九,第617页。

昔者，神农无制令而民从，唐虞有制令而无刑罚，夏后氏不负言，殷人誓，周人盟。逮至当今之世，忍訽而轻辱，贪得而寡羞，欲以神农之道治之，则其乱必矣……夫神农、伏羲，不施赏罚而民不为非，然而立政者不能废法而治民……[①]

神农氏没，黄帝、尧、舜氏作，通其变，使民不倦，神而化之，使民宜之。[②]

今足下以汤武为不义，然则足下之所谓义者，何世之王也？曰：弗知。弗知者，以天下王为无义者耶？其有义者而足下不知耶？则答之以神农。[③]

与神农氏相反，秦汉思想文化中的黄帝得以被普遍认同的除了其道家色彩外，还具有神农所不具备的用武力除暴，以征伐维护统一的特点。

夫兵者，所以禁暴讨乱也。炎帝为火灾，故黄帝禽之；共工为水害，故颛顼诛之。……古圣王有义兵而无有偃兵。[④]

黄帝曰："日中必熭，操刀必割。"今令此道顺，而全安甚易，弗肯早为，已乃堕骨肉之属而抗剄之，岂有异秦之季世乎！[⑤]

故黄帝者，炎帝之兄也。炎帝无道，黄帝伐之涿鹿之野，血流漂杵，诛炎帝而兼其地，天下乃治。高皇帝瓜分天下，以王功臣，反者如蝟毛而起。高皇帝以为不可，剗去不义诸侯，

① 《淮南子集释·氾论》，卷十三，第 928～930 页。
② 周振甫译注《周易译注·系辞下传》，中华书局，1991，第 256～257 页。
③ 苏舆撰《春秋繁露义证·尧舜不擅移、汤武不专杀》，卷七，第 220 页。
④ 《吕氏春秋·荡兵》，上海书店出版社，诸子集成本，1986，卷七，第 66 页。
⑤ 《贾谊集·宗首》，上海人民出版社，1976，第 13 页。

空其国。……故大人者，不怵小廉，不牵小行，故立大便以成大功。①

黄帝以战成功，汤、武以伐成孝。故手足之勤，腹肠之养也。当世之务，后世之利也。今四夷内侵，不攘，万世必有长患。先帝兴义兵以诛强暴，东灭朝鲜，西定冉、駹，南擒百越，北挫强胡，追匈奴以广北州，汤、武之举，蚩尤之兵也。故圣主斥地，非私其利，用兵，非徒奋怒也，所以匡难辟害，以为黎民远虑。②

黄帝尝与炎帝战矣。颛顼尝与共工争矣。故黄帝战于涿鹿之野，尧战于丹水之浦，舜伐有苗，启攻有扈，自五帝而弗能偃也，又况衰世乎！③

今足下以汤武为不义，然则足下之所谓义者，何世之王也？曰：弗知。弗知者，以天下王为无义者耶？其有义者而足下不知耶？则答之以神农。应之曰：神农之为天子，与天地俱起乎？将有所伐乎？神农氏有所伐可，汤武有所伐独不可，何也？且天之生民，非为王也，而天立王以为民也。故其德足以安乐民者，天予之；其恶足以贼害民者，天夺之。《诗》云："殷士肤敏，祼将于京，侯服于周，天命靡常。"言天之无常予，无常夺也。故封泰山之上，禅梁父之下，易姓而王，德如尧舜者七十二人，王者，天之所予也，其所伐皆天之所夺也。今唯以汤武之伐桀纣为不义，则七十二王亦有伐也。推足下之说，将以七十二王为皆不义也！故夏无道而殷伐之，殷无道而周伐之，周无道而秦伐之，秦无道而汉伐之。有道伐无道，此天理也，所从来久矣，宁能至汤武而然耶？夫非汤武之伐桀纣

① 《贾谊集·益壤》，上海人民出版社，1976，第30页。
② 王利器校注《盐铁论校注·结和》，中华书局，1992，卷八，第480~481页。
③ 何宁撰《淮南子集释·兵略训》，中华书局，1998，卷十五，第1044~1045页。

者，亦将非秦之伐周，汉之伐秦，非徒不知天理，又不明人礼。礼，子为父隐恶。今使伐人者而信不义，当为国讳之，岂宜如诽谤者，此所谓一言而再过者也。君也者，掌令者也，令行而禁止也。今桀纣令天下而不行，禁天下而不止，安在其能臣天下也？果不能臣天下，何谓汤武弑？①

可见，在秦汉的思想文化里，黄帝的主要功绩之一就是"征伐"暴君，建立政权，造福民众。司马迁认同了黄帝的这一形象，他在《五帝本纪》中写道：

> 轩辕之时，神农氏世衰。诸侯相侵伐，暴虐百姓，而神农氏弗能征。于是轩辕乃习用干戈，以征不享，诸侯咸来宾从。而蚩尤最为暴，莫能伐。炎帝欲侵陵诸侯，诸侯咸归轩辕。轩辕乃修德振兵，治五气，艺五种，抚万民，度四方，教熊罴貔貅貙虎，以与炎帝战于阪泉之野。三战，然后得其志。蚩尤作乱，不用帝命。于是黄帝乃征师诸侯，与蚩尤战于涿鹿之野，遂禽杀蚩尤。而诸侯咸尊轩辕为天子，代神农氏，是为黄帝。天下有不顺者，黄帝从而征之，平者去之，披山通道，未尝宁居。②

司马迁开头简要介绍了黄帝的"神灵""聪明"，紧接着就是一段对黄帝征伐平暴的描述，赞颂黄帝征讨诸侯、炎帝、蚩尤的正确与英明。这样黄帝就成了一个与辕固生所言一致的，用武力征讨暴乱、安抚百姓、造福民众的明主形象。这样一来，在尧舜禅让制的

---

① 苏舆撰《春秋繁露义证·尧舜不擅移、汤武不专杀》，卷七，第220~221页。
② 《史记·五帝本纪》，卷一，第3页。

前头便就有了一个以武力夺取政权的先例，因而汉政权的合法性就不言而喻了。联系《律书》"兵者，圣人所以讨强暴，平乱世，夷险阻，救危殆""昔黄帝有涿鹿之战，以定火灾；颛顼有共工之陈，以平水害；成汤有南巢之伐，以殄夏乱。递兴递废，胜者用事，所受于天也""故……诛伐不可偃于天下"① 来看，司马迁列黄帝为五帝之首，其用意是不言而喻的。在这一点上，元人黄潜的提法也有可资参考的意义，他说："《史记》书轩辕与炎帝战于阪泉之野，诸侯咸尊轩辕为天子，代神农氏，是为黄帝。审如其说，则以征发得天下自黄帝始矣。"② 虽然黄潜对"以征发得天下自黄帝始"持怀疑态度，但他却道出了"以征发得天下自黄帝始"这一事实。可见，钱大昕说"史公著述，意主尊宗"还是有根据的。实际上，与汉初学者如贾谊、董仲舒、刘安等人一样，司马迁也在为证明汉政权的合法性和汉征讨四夷与不从诸侯的正确性而尽心尽职。司马迁树立黄帝这样一位以征伐得天下的典范，这便在由禅让得天下的尧舜禹之前，加上了一个以征伐得天下的帝王，其维护依靠武力夺得天下的汉政权的合法性和维护汉大一统局面的用意也就显而易见了。

另外，司马迁列黄帝为《五帝本纪》之首，还有一层用意，这就是尊黄帝为中华各民族共同祖先，宣扬民族同源和平等思想，这一点已成了学术界的共识。但我认为，其最终用意也还是为了维护汉政权的一统局面。司马迁在继承和发扬前人成果的基础上，形成了具有自身特色的民族思想。安平秋、张大可和俞樟华主编的《史记教程》把司马迁的民族思想之要点归纳为：各民族都是黄帝子孙，同祖同源；为少数民族立传，平等看待，不加歧视；坚持民

---

① 《史记·律书》，卷二十五，第 1240 ~ 1241 页。
② 黄潜撰《日损斋稿》，长洲顾氏秀野草堂本卷二。

族统一，反对民族分裂。① 在这几个方面，司马迁集成和发扬之功甚伟，特别是在宣扬各民族都是黄帝子孙，同祖同源思想方面，司马迁的功绩是任何人都不能望其项背的。因为在司马迁之前，虽然在一些典籍中有关于这方面的记载，但都是零星的、片断的。司马迁不仅批判地吸收了前人关于民族同源和平等思想的精华，而且还在此基础上有所发明。据顾颉刚研究，对比其他各书的记载，司马迁在《史记》中还增加了三项内容：(1)《秦本纪》说"秦之先，帝颛顼之苗裔孙曰女修。女修织，玄鸟陨卵，女修吞之，生子大业"②，详备地列出了秦人的世系，并说秦与赵同源；(2)《越王勾践世家》说"越王勾践，其先禹之苗裔，而夏后帝少康之庶子也。封于会稽……"③；(3)《匈奴列传》说"匈奴，其先祖夏后氏之苗裔也，曰淳维"④。

司马迁以开拓的精神和兼容并包的胸襟，集各家民族思想之大成，确立黄帝为中华各民族的共同始祖，中华各民族都是黄帝的子孙后代。并且，司马迁还清楚地描述出了中华各民族同祖同源的谱系并使之系统化。这就成功地构建了中华民族的繁衍流布体系，宣扬了中华民族的同祖同源和平等的思想。以上这些反映了司马迁希望各民族能亲如一家，平等相待，和平相处，共同来维护汉政权的稳定和民族的团结统一之局面的美好愿望。这实际上也是司马迁尊汉思想的体现。

---

① 安平秋、张大可、俞樟主编《史记教程》，华文出版社，2002，第 349~361 页。
② 《史记·秦本纪》，卷五，第 173 页。
③ 《史记·越王勾践世家》，卷四十一，第 1739 页。
④ 《史记·匈奴列传》，卷一百十，第 2879 页。

第三章
"一家之言"的黄老理政思想

黄老理政思想是司马迁政治思想的重要组成部分，从《史记》本文看，司马迁是很重视黄老理政思想在政治生活中的作用和意义的。但当今学术界对黄老理政思想内涵的理解却存在分歧。黄老理政思想的内涵究竟是什么？对此，这里必须辨明，因为这关系到能否准确把握司马迁的理政思想。

黄老理政思想的内涵一直是学界探讨的话题，学术界对黄老理政思想内涵理解的分歧，主要是从出土于长沙马王堆汉墓的、被认为是"黄帝四经"的著作纳入研究视野开始的。"黄帝四经"出土之前，学者大多认为黄老理政思想的实质就是老子道家思想，其内涵是以虚无为本，以因循为用，主张清静无为。持这一观点的代表人物有顾颉刚和吕思勉。"黄帝四经"出土之后，学界便有人认为，"黄帝四经"反映的是汉初的黄老理政思想，并且认为黄老理政思想的内涵是刑德并用，如金春峰认为"汉初黄老思想的政治实质是法家思想"，"其特点可归结为刑德并用"。① 又如，台湾学者司修武著的《黄老学说与汉初政治平议》与大陆学者余光明的著述也都持这一观点。而葛兆光则认为汉初盛行黄老思想包涵多重含义，他说："据学者的研究，汉初被笼统称作'道家'的思潮，实际上包含了多种不同的思想取向，有以崇高清静无为、安集百姓

---

① 金春峰：《汉代思想史》，中国社会科学出版社，1997，第49页。

为中心的社会取向，有以韬晦之术全生保身为中心的个人取向，有以阴谋决断权势策划为中心的策略取向，即'在以史记政治活动为中心的"黄老"派之外，另有以个人"全生保身"为中心，而对政治漠不关心的派别存在，其中又分为纯粹遵守无为自然者，为求保身而积极行动不惜采用权谋者，以及注重史记的养生而接近神仙家者'。但是，《吕氏春秋》所代表的，以黄帝之学为线索综合各家之学，以'天道'与'人道'的贯通为基础，兼顾自然、社会与个人生存的思想取向，毕竟在渐渐成为这一时代的思想共识，在曹参、窦太后等支持下，它渐渐成为思潮，这一思潮被司马谈《论六家要指》归纳为'道家'。"①这里葛兆光概述了持黄老思想者的人生观和政治观。就黄老思想者的政治观的理解而言，葛兆光的观点与顾颉刚和吕思勉两位的观点大体上是一致的。

一 西汉传播语境中的"无为"

因为"无为"是黄老理政思想的本质特征，所以先分析一下"无为"一词在汉初语境中的含义，有助于我们更好地理解司马迁的黄老理政思想。下面以《淮南子》《春秋繁露》和《礼记》的材料为主，对"无为"进行分析。

从功用角度看，在汉初语境中，"无为"具有两个方面的含义：一是修身理念上的"无为"，一是政治理念上的"无为"。

作为修身理念的"无为"，主要有以下两层意思：第一，与世迁移，应物变化。如《淮南子·俶真训》"是故至道无为，一龙一蛇，盈缩卷舒，与时变化。外从其风，内守其性，耳目不耀，思虑不营，其所居神者，台简以游太清，引楯万物，群美萌生"②说的就是这

---

① 葛兆光：《中国思想史》第一卷，复旦大学出版社，2003，第 243～244 页。
② 何宁撰《淮南子集释》，中华书局，1998，卷二，第 113～114 页。

个意思。第二，消释智虑，抱璞含素，无欲无求，忘却生死。如《淮南子·精神训》，"明白太素，无为复朴，体本抱神，以游于天地之樊，芒然仿佯于尘垢之外，而消摇于无事之业，浩浩荡荡乎，机械之巧弗载于心。是故死生亦大矣，而不为变；虽天地覆育，亦不与之抮抱矣。"①"君子义死而不可以富贵留也，义为而不可以死亡恐也。彼则直为义耳，而尚犹不拘于物，又况无为者矣！"②

作为治国理念的"无为"主要有以下几种含义。第一，顺承天意，法先圣王，坚持道、德、仁、义、礼、乐和教化的政治理念。如董仲舒主张"奉天而法古"，他认为易姓而王是上天的授意，新王顺承上天的意思，不能一因前制，必须改制，即"徒居处、更称号、改正朔、易服色"，但"大纲、人伦、道理，政治、教化、习俗，文义"应"尽如故"，③不能更改。也就是他所说的，"故王者有改制之名，无易道之实。孔子曰：'无为而治者，其舜乎！'言其王尧之道而已。此非不易之效与！"④又如扬雄说："或问'无为。'曰：'奚为哉！在昔虞、夏，袭尧之爵，行尧之道，法度彰，礼乐著，垂拱而视天下民之阜也，无为矣。绍桀之后，篡纣之馀，法度废，礼乐亏，安坐而视天下民之死，无为乎？'"⑤"道、德、仁、义、礼，譬诸身乎？夫道以导之，德以得之，仁以人之，义以宜之，礼以体之，天也。合则浑，离则散，一人而兼统四体者，其身全乎！……或问'天。'曰：'吾于天与，见无为之为矣！'"⑥第二，谨小慎微，摈弃好恶，明察聪听，以御臣下。董仲舒认为君主是一国的表率，言行应十分谨慎，不应轻易表露出自

---

① 何宁撰《淮南子集释》，中华书局，1998，卷七，第 521 页。
② 何宁撰《淮南子集释》，中华书局，1998，卷七，第 539 页。
③ 苏舆撰《春秋繁露义证·楚庄王》，中华书局，1992，卷一，第 18、19 页。
④ 苏舆撰《春秋繁露义证·楚庄王》，中华书局，1992，卷一，第 18、19 页。
⑤ 汪荣宝：《法言义疏·问道》，中华书局，1987，第 125 页。
⑥ 汪荣宝：《法言义疏·问道》，中华书局，1987，第 111 ~ 114 页。

己的情感，要做到"故为人君者，谨本详始，敬小慎微，志如死灰，形如委衣，安精养神，寂寞无为"①。"为人君者居无为之位，行不言之教，寂而无声，静而无形，执一无端，为国源泉。"② 他认为只有这样，君王才能达到"休形无见影，掩声无出响，虚心下士，观来察往。谋于众贤，考求众人，得其心遍见其情，察其好恶，以参忠佞，考其往行，验之于今，计其蓄积，受于先贤。释其雠怨，视其所争，差其党族，所依为桌，据位治人，用何为名，累日积久，何功不成"③ "挈名考质，以参其实。赏不空施，罚不虚出。是以群臣分职而治，各敬而事，争进其功，显广其名，而人君得载其中"④ 的目的。第三，任法任术而不任智谋，循名而责实，以实现主逸而臣劳。如刘安认为"释道而任智者必危，弃数而用才者必困"⑤。他主张人主应处无为之位，行不言之教，因循而任下，责成而不劳，这样便可以达到治理好天下的目的。刘安认为要做到这些，就必须重视法的作用。他在《淮南子·主术训》中说："法者，天下之度量而人主之准绳也。县法者，法不法也；设赏者，赏当赏也。法定之后，中程者赏，缺绳者诛，尊贵者不轻其罚，而卑贱者不重其刑，犯法者虽贤必诛，中度者虽不肖必无罪，是故公道通而私道塞矣。古之置有司也，所以禁民，使不得自恣也；其立君也，所以制有司，使无专行也；法籍礼仪者，所以禁君，使无擅断也。人莫得自恣则道胜，道胜而理达矣，故反于无为。无为者，非谓其凝滞而不动也，以其言莫从己出也。"⑥ 英明的君主就应该依法行赏罚，使臣下各尽其分，依法行使权力，不须

① 苏舆撰《春秋繁露义证·立元神》，中华书局，1992，第166~167页。
② 苏舆撰《春秋繁露义证·立元神》，中华书局，1992，第166~167页。
③ 苏舆撰《春秋繁露义证·保位权》，中华书局，1992，第175、176页。
④ 苏舆撰《春秋繁露义证·保位权》，中华书局，1992，第175、176页。
⑤ 何宁撰《淮南子集释·诠言训》，中华书局，1998，卷十四，第1001页。
⑥ 何宁撰《淮南子集释·主术训》，中华书局，1998，卷九，第659~661页。

自己任智劳神。这样不仅能实现大治，而且还能收到"无为制有为"的效果。吕不韦在《吕氏春秋·似顺论·分职》中也表达了大致相同的意思："先王用非其有如己有之，通乎君道者也。夫君也者，处虚素服而无智，故能使众智也。智反无能，故能使众能也。能执无为，故能使众为也。无智无能无为，此君之所执也。人主之所惑者则不然。以其智强智，以其能强能，以其为强为。此处人臣之职也。处人臣之职，而欲无壅塞，虽舜不能为。"① 第四，效法天道自然。《礼记·哀公问》有一段孔子与哀公的对话。公曰："敢问君子何贵乎天道也？"孔子对曰："贵其'不已。'如日月东西相从而不已也，是天道也。……无为而物成，是天道也……"②（《孔子家语·大婚解》和《大戴礼记·哀公问于孔子》都有记载。）意思是说太阳月亮出乎自然地每天升落，持之以恒，似乎什么都没有做，但世间万物却因之而生成。又如"博厚配地，高明配天，悠久无疆。如此者，不见而章，不动而变，无为而成。天地之道，可壹言而尽也"③ 说的也是这个意思。第五，顺应万物之性，摈弃人为。刘安《淮南子·原道训》说："是故圣人内修其本，而不外饰其末，保其精神，偃其智故，漠然无为而无不为也；澹然无治也而无不治也。所谓无为者，不先物为也；所谓无不为者，因物之所为。所谓无治者，不易自然也；所谓无不治者，因物之相然也。"④ 又说："是故达于道者，反于清静；究于物者，终于无为。以恬养性，以漠处神，则入于天门。所谓天者，纯粹朴素，质直皓白，未始有与杂糅者也。所谓人者，偶差智故，曲巧诈伪，所以俯仰于世人而

---

① 高诱注《吕氏春秋·分职》，上海书店出版社，诸子集成本，1986，卷二十五，第 321～322 页。
② 《礼记·哀公问》，岳麓书社，1989，第 482 页。
③ 《礼记·坊记》，岳麓书社，1989，第 499 页。
④ 何宁撰《淮南子集释·原道训》，中华书局，1998，卷一，第 48 页。

与俗交者也。"① 刘安视无为为"不先物为",视无治为"不易自然",即"天"。也就是说,要顺应万物的自然本性,任其自视无治为"不易自然",即"天"。也就是说,要顺应万物的自然本性,任其自由发展,不作任何人为的干扰。又如《黄帝四经·名刑》:"欲知得失,请必审名察刑(形)。刑(形)恒自定,是我俞(愈)静。事恒自也(施),是我无为。"② 第六,施与不图回报,为善不图名声,藏迹于无形。刘安主张无为之君主应该做到"私志不得入公道,嗜欲不得枉正术","事成而身弗伐,功立而名弗有"。③ 他在《淮南子·诠言训》中说:"君子修行而使善无名,布施而使仁无章,故士行善而不知善之所由来,民澹利而不知利之所由出,故无为而自治。善有章则士争名,利有本则民争功,二争者生,虽有贤者弗能治。故圣人掩迹于为善,而息名于为仁也。……君道者,非所以为也,所以无为也。何谓无为?智者不以位为事,勇者不以位为暴,仁者不以位为患,可谓无为矣。"④ 正是因为"善有章则士争名,利有本则民争功,二争者生,虽有贤者,弗能治",所以刘安要求君主"掩迹于为善,而息名于为仁",不要拿仁、智、勇来炫耀。董仲舒也持同样的观点,他说:"仁人者正其道不谋其利,修其理不急其功,致无为而习俗大化,可谓仁圣矣。"⑤ 以上将汉初的"无为"思想分为六种,大致说来,第一、第二种属于儒家,第三种属于法家,第四和第五种属于道家,第六种则是各家兼具。当然,上面只是大致的分类,因为这些种类之间有时并没有明显的界限,有的有交叉。如《吕氏春秋·审分览·任数》:"故至智弃智,至仁忘仁,至德不德。

① 何宁撰《淮南子集释·原道训》,中华书局,1998,卷一,第41页。
② 陈鼓应注译《黄帝四经今注今译》,商务印书馆,2007,第336页。
③ 何宁撰《淮南子集释·务修训》,中华书局,1998,卷十九,第1322页。
④ 何宁撰《淮南子集释·诠言训》,中华书局,1998,卷十四,第1011~1012页。
⑤ 苏舆撰《春秋繁露义证·对胶西王越大夫不得为仁》,中华书局,1992,卷九,第268页。

无言无思，静以待时，时至而应，心暇者胜。凡应之理，清净公素，而正始卒。焉此治纪，无唱有和，无先有随。古之王者，其所为少，其所因多。因者，君术也；为者，臣道也。为则扰矣，因则静矣。因冬为寒，因夏为暑，君奚事哉？故曰君道无知无为，而贤于有知有为，则得之矣。"① 这段话就兼有以上的后三种意思。那么，上述治国理政观点，究竟哪些与司马迁认同的黄老治国理政思想相符呢？

从现有典籍看，"黄老"一词，在司马迁之前以及与司马迁同时代的人中，除孔安国使用过一次外，（孔安国在《古文孝经训传序》中说："夫云集而龙兴，虎啸而风起，物之相感，有自然者，不可谓毋也。胡笳吟动，马蹀而悲；黄老之弹，婴儿起舞。庶民之愚，愈于胡马与婴儿也。何为不可以乐化之？"②）就只有司马迁在《史记》中使用它了。问题是司马迁和孔安国都没有给"黄老"一个明确的界说，这就给我理解"黄老"思想带来了很大的困难。由于司马迁使用"黄老"的频率比较高，所以，下面我将以《史记》中的材料为依据，从司马迁对黄老思想的认识角度切入，并结合当时的思想文化传播背景，力图阐明黄老理政思想的内涵和司马迁之黄老思想的实质。

二 西汉传播语境中黄老理政思想的内涵与 司马迁黄老理政思想的实质

（一）"黄老"是老子道家的同义语而不是"黄帝"加 "老子"

在《史记》中，司马迁对窦太后好黄老的情况记载得比较多，

---

① 高诱注《吕氏春秋·审分览·任数》，上海书店出版社，诸子集成本，1986，卷十七，第205页。
② 严可均辑《全汉文》，商务印书馆，1999，卷十三，第128页。

现大致罗列如下：

（1）太后好黄老之言，而魏其、武安、赵绾、王臧等务隆推儒术，贬道家言，是以窦太后滋不说魏其等。①

（2）孝惠、吕后时，公卿皆武力有功之臣。孝文时颇征用，然孝文帝本好刑名之言。及至孝景，不任儒者，而窦太后又好黄老之术，故诸博士具官待问，未有进者。②

（3）及窦太后崩，武安侯田蚡为丞相，绌黄老、刑名百家之言，延文学儒者数百人，而公孙弘以《春秋》白衣为天子三公，封以平津侯。天下之学士靡然乡风矣。③

（4）太皇窦太后好老子言，不说儒术，得赵绾、王臧之过以让上，上因废明堂事，尽下赵绾、王臧吏，后皆自杀。申公亦疾免以归，数年卒。④

（5）窦太后好老子书，召辕固生问老子书。固曰："此是家人言耳。"太后怒曰："安得司空城旦书乎？"乃使固入圈刺豕。⑤

（6）窦太后好黄帝、老子言，帝及太子诸窦不得不读《黄帝》、《老子》，尊其术。⑥

以上句（1）说"太后好黄老之言"，而魏其等"务隆推儒术，贬道家言"，因而引起了窦太后的不满。可见，此处的"黄老之言"与"道家言"意思是相同的。句（4）中"窦太后好老子言"与

---

① 《史记·魏其武安侯列传》，卷一百七，中华书局点校本，第2843页。
② 《史记·儒林列传》，卷一百二十一，第3117页。
③ 《史记·儒林列传》，卷一百二十一，第3118页。
④ 《史记·儒林列传》，卷一百二十一，第3122页。
⑤ 《史记·儒林列传》，卷一百二十一，第3123页。
⑥ 《史记·外戚世家》，卷四十九，第1975。

句（5）中"窦太后好老子书"说明了窦太后所推崇的黄老之言，实际就是"老子之言"。由此，可以推断出句（2）中的"黄老之术"、句（3）中的"黄老"等百家之言与句（6）中的"黄帝、老子言"是名异而实同的。从上面的分析可知，在《史记》中，"黄老"一词和"老子之言""道家言"是可以通用的。由此，我们大体上可以得出这样的认识：司马迁所说的"黄老"之言，实质就是老子道家之言。

既然"黄老"之言就是老子道家之言，那么，司马迁为什么不直接说老子道家之言，而用黄老之言来代替呢？吕思勉说："道家之学，托诸黄帝，而老子传之，世界遂以黄、老并称。"①顾颉刚说，战国秦汉时期，道家学者为了提升自己学派的地位，便把黄帝拉过来，并把"本学派里的货色尽量向黄帝身上装，结果，装得黄帝也像了老子，而后道家里以老子为'太祖高皇帝'，黄帝为'肇祖原皇帝'，其学派的开创时代乃直顶到有史之始了。……《汉书·艺文志》所列道家著作，有《黄帝四经》、《黄帝铭》等篇，注云'起六国时，与老子相似也'。这就是黄帝与老子合作的成绩，而'黄、老'一名也从此打不破了！"②两位先生都指出了一个事实，这就是：经过秦汉道家学者的精心装扮，黄帝已经成为了道家虚造的一个用来宣传老子道家思想并提高其地位的偶像，这一偶像的内核就是老子道家思想。顾先生的话语还明确透露了一个观点，即黄帝是道家化了的黄帝，而不是黄帝思想与老子道家思想的简单叠加。这一点，我们可以从道家和杂家著作中的黄帝之言得到证明。

《列子·天瑞》篇引用《黄帝书》两条，黄帝之言一条：

① 吕思勉：《吕思勉读史札记》，上海古籍出版社，2005，第821页。
② 顾颉刚：《汉代学术史略》，东方出版社，1996，第37页。

《黄帝书》曰："谷神不死,是谓玄牝。"①

《黄帝书》曰："形动不生形而生影,声动不生声而生响,无动不生无而生有。"②

黄帝曰："精神入其门,骨骸反其根,我尚我存?"③

其中,"谷神不死,是谓玄牝"条与《老子》第六章中的"谷神不死,是谓玄牝"相同。《列子·力命》篇引用《黄帝书》一条:

《黄帝之书》云："至人居若死,动若械。"④

"至人居若死,动若械"正是老子理想中的人物形象。《列子·黄帝》篇记叙了黄帝朝着道家理想政治转化的过程:

黄帝即位十有五年,喜天下戴己,养正命,娱耳目,供鼻口,燋然肌色皯黣,昏然五情爽惑。又十有五年,忧天下之不治,竭聪明,进智力,营百姓,燋然肌色皯黣,昏然五情爽惑。黄帝乃喟然赞曰:"朕之过淫矣。养一己其患如此,治万物其患如此。"于是放万机,舍宫寝,去直侍,彻钟悬,减厨膳,退而闲居大庭之馆,斋心服形,三月不亲政事。昼寝而梦,游于华胥氏之国。华胥氏之国在弇州之西,台州之北,不知斯齐国几千万里;盖非舟车足力之所及,神游而已。其国无师长,自然而已。其民无嗜欲,自然而已。不知乐生,不知恶

---

① 《列子·天瑞》,上海书店出版社,诸子集成本,1986,卷一,第1页。
② 《列子·天瑞》,上海书店出版社,诸子集成本,1986,卷一,第5页。
③ 《列子·天瑞》,上海书店出版社,诸子集成本,1986,卷一,第5页。
④ 《列子·力命》,上海书店出版社,诸子集成本,1986,卷六,第73页。

死，故无夭殇；不知亲己，不知疏物，故无爱憎；不知背逆，不知向顺，故无利害：都无所爱惜，都无所畏忌。入水不溺，入火不热。斫挞无伤痛，指擿无痟痒。乘空如履实，寝虚若处床。云雾不硋其视，雷霆不乱其听，美恶不滑其心，山谷不踬其步，神行而已。黄帝既寤，怡然自得，召天老、力牧、太山稽，告之曰："朕闲居三月，斋心服形，思有以养身治物之道，弗获其术。疲而睡，所梦若此。今知至道，不可以情求矣。朕知之矣！朕得之矣！而不能以告若矣。"又二十有八年，天下大治，几若华胥氏之国，而帝登假。百姓号之，二百馀年不辍。①

这里列子形象地描述了黄帝是怎样由一个"竭聪明，进智力，营百姓"以养一己的忧苦之人，转变为一个顺自然之道的、丧情得道之人的过程。可见，在《列子》中黄帝已经完全被道家化了。

又如《庄子·知北游》中的一段黄帝之言：

黄帝曰："无思无虑始知道，无处无服始安道，无从无道

---

① 《列子·黄帝》，上海书店出版社，诸子集成本，1986，卷二，第13～14页。（这与《庄子·天运》篇中的一段黄帝之言的意思基本相同："（黄）帝曰：'汝殆其然哉！……吾又奏之以阴阳之和，烛之以日月之明；其声能短能长，能柔能刚；变化齐一，不主故常；在谷满谷，在阬满阬；涂郤守神，以物为量。其声挥绰，其名高明。是故鬼神守其幽，日月星辰行其纪。吾止之于有穷，流之于无止。子欲虑之而不能知也，望之而不能见也，遂之而不能及也；傥然立于四虚之道，倚于槁梧而吟。心穷乎所欲知，目穷乎所欲见，力屈乎所欲逐，吾既不及已夫！形充空虚，乃至委蛇。汝委蛇，故怠。吾又奏之以无怠之声，调之以自然之命，故若混逐丛生，林乐而无形；布挥而不曳，幽昏而无声。动于无方，居于窈冥；或谓之死，或谓之生；或谓之实，或谓之荣；行流散徙，不主常声。世疑之，稽于圣人。圣也者，达于情而遂于命也。天机不张而五官皆备，无言而心说，此之谓天乐。故有焱氏为之颂曰：'听之不闻其声，视之不见其形，充满天地，苞裹六极。'汝欲听之而无接焉，而故惑也。乐也者，始于惧，惧故祟；吾又次之以怠，怠故遁；卒之于惑，惑故愚；愚故道，道可载而与之俱也。'"陈鼓应注译《庄子今注今译》，中华书局，1983，第366～367页。）

始得道。"知问黄帝曰："我与若知之，彼与彼不知也，其孰是邪？"黄帝曰："彼无为谓真是也，狂屈似之；我与汝终不近也。夫知者不言，言者不知，故圣人行不言之教。道不可致，德不可至。仁可为也，义可亏也，礼相伪也。故曰：'失道而后德，失德而后仁，失仁而后义，失义而后礼。礼者，道之华而乱之首也。'故曰：'为道者日损，损之又损之以至于无为，无为而无不为也。'今已为物也，欲复归根，不亦难乎！其易也，其唯大人乎！生也死之徒，死也生之始，孰知其纪！人之生，气之聚也；聚则为生，散则为死。若死生为徒，吾又何患！故万物一也，是其所美者为神奇，其所恶者为臭腐；臭腐复化为神奇，神奇复化为臭腐。故曰'通天下一气耳。'圣人故贵一。"知谓黄帝曰："吾问无为谓，无为谓不应我，非不我应，不知应我也。吾问狂屈，狂屈中欲告我而不我告，非不我告，中欲告而忘之也。今予问乎若，若知之，奚故不近？"黄帝曰："彼其真是也，以其不知也；此其似之也，以其忘之也；予与若终不近也，以其知之也。"狂屈闻之，以黄帝为知言。天地有大美而不言，四时有明法而不议，万物有成理而不说。圣人者，原天地之美而达万物之理，是故至人无为，大圣不作，观于天地之谓也。[①]

这里的黄帝简直就是老子的传声筒。其"聚则为生，散则为死，若死生为徒"，"万物一"的世界观；"无思无虑始知道，无处无服始安道，无从无道始得道"的认识观；"失道而后德，失德而后仁，失仁而后义，失义而后礼"的社会进程观和"为道者日损，损之又损之以至于无为，无为而无不为也"的政治观基本上是与

---

① 陈鼓应注译《庄子今注今译》，中华书局，1983，第558~563页。

老子思想一致的。另外，如《新书·修政语上》的"黄帝曰：'道若川谷之水，其出无已，其行无止。'故服人而不为仇，分人而不谞者，其惟道矣"①；《淮南子·缪称训》"黄帝曰：'芒芒昧昧，从天之道，与玄同气'"②；《淮南子·泰族训》"黄帝曰：'芒芒昧昧，因天之威，与元同气'"③；《吕氏春秋》"黄帝曰：'帝无常处也，有处者乃无处也'"④；"黄帝言曰：'声禁重，色禁重，衣禁重，香禁重，味禁重，室禁重'"⑤；"黄帝曰：'芒芒昧昧，因天之威，与元同气'"⑥ 这些也都反映出黄帝思想与老子思想的一致性。而且，从现存的当时的典籍看，孔安国是除司马迁之外唯一一个用了"黄老"一词的，而且仅仅只存一处，这里孔安国为了说明"乐化"的可行，运用了同类相感，同声相应的道理来作佐证。他用"黄老之弹"对"婴儿起舞"，这里的"婴儿"与《老子》二十章所说"众人熙熙如享太牢、如春登台。我独泊兮其未兆，如婴儿之未孩"⑦ 和二十八章所说"常德不离，复归于婴儿"⑧ 中的"婴儿"含义是相同的，均是淳朴不散的象征。可见，在孔安国的心目中，黄老思想也是具有敦朴之质的。以上所引材料，就时代而言，《吕氏春秋》和《庄子》属于战国，《新书》《淮南子》和《古文孝经训传序》属于汉初，《列子》虽然被认为是伪书，但其中采用了一些战国秦汉时期的材料，书中所反映的学术思想基本上还是战国秦汉时期的。上面这些材料都可以证明顾颉刚所说的黄帝只不过是道家装扮过的"老子"，亦即黄帝是道家化了的黄帝。所

---

① 《贾谊集》，上海人民出版社，1976，第 160 页。

② 何宁撰《淮南子集释·缪称训》，中华书局，1998，卷十，第 705 页。

③ 何宁撰《淮南子集释·泰族训》，中华书局，1998，卷二十，第 1400 页。

④ 《吕氏春秋·圜道》，上海书店出版社，诸子集成本，1986，卷三，第 31 页。

⑤ 《吕氏春秋·孟春纪·去私》，卷一，第 10 页。

⑥ 《吕氏春秋·有始览·应同》，卷十三，第 127 页。

⑦ 朱谦之：《老子校释》，中华书局，1984，第 79~81 页。

⑧ 朱谦之：《老子校释》，中华书局，1984，第 112 页。

以，司马迁用"黄老"并称这一概念来称说老子道家思想是符合情理的，也是符合当时的思想文化实际的。

（二）从西汉传播语境中的"长者"和"持黄老思想者"看司马迁黄老理政思想的实质

首先，需要说明的是，在司马迁笔下，"长者"和"持黄老思想者"有时是交叉重合的关系，我在这里把他们分开，一方面是图分析和叙述方便，另一方面也是为了能作比较深透的分析。

从《史记》本文看，司马迁在叙写秦末汉初人物，特别是叙写信奉黄老思想者时，一般用"长者"而不用"君子"作指代词。司马迁为何要用"长者"代替"君子"呢？下面就来分析这个问题。

在《史记》中，"长者"一词总共用了六十一次，其中，用于指代秦末汉初人物的占四十余次，约占三分之二。这种情况，在司马迁之前以及司马迁同时代的著作中都是独一无二的。这看似是一种表象，但这种表象下面却是颇具深意的。司马迁在叙写秦末汉初人物时，偏爱使用"长者"作指代词，便向我们传达出了这样的信息：第一，长者与汉初黄老思想之盛行有着密切的关系；第二，司马迁对遵循黄老思想者的长者有着一种特殊的情感。下面试申述之。

从《史记》来看，汉初长者被时人所推崇，已是一种社会潮流。皇帝征求人才，问的是长者。

孝文帝既立，召田叔问之曰："公知天下长者乎？"对曰："臣何足以知之！"上曰："公，长者也，宜知之。"[1]

---

[1] 《史记·田叔列传》，卷一百四，第2776页。

甚至到汉武帝时期，汉武帝还树立卜式那样一个淡泊名利的长者为道德典范，并希望以此来扭转因自己推行"有为"政治而造成的民众只顾逐私利，而不顾国家之急的社会风气。

是时富豪皆争匿财，唯式尤欲输之助费。天子于是以式终长者，故尊显以风百姓。①

臣下推举人才，称说的是长者。

（郑）庄为太史……每朝，候上之间，说未尝不言天下之长者。……山东士诸公以此翕然称郑庄。②

皇亲贵戚选师友，选征的是长者。

于是乃选长者士之有节行者与居。窦长君、少君由此为退让君子，不敢以尊贵骄人。③

士人择交游，青睐的是长者。

庄（按：指郑当时之父郑庄）好黄老之言，其慕长者如恐不见。年少官薄，然其游知交皆其大父行，天下有名之士也。④

（张）负随（陈）平至其家，家乃负郭穷巷，以弊席为

---

① 《史记·平准书》，卷三十，第 1432 页。
② 《史记·汲郑列传》，卷一百二十，第 3112 页。
③ 《史记·外戚世家》，卷四十九，第 1974 页。
④ 《史记·汲郑列传》，卷一百二十，第 3112 页。

门，然门外多有长者车辙。①

士人表明自己的高洁品行，往往自称长者。

> 宋忠、贾谊瞿然而悟，猎缨正襟危坐，曰："吾望先生之状，听先生之辞，小子窃观于世，未尝见也。今何居之卑，何行之污？"司马季主捧腹大笑曰："观大夫类有道术者，今何言之陋也，何辞之野也！今夫子所贤者何也？所高者谁也？今何以卑污长者？"②

为何会出现这种现象呢？这得从"长者"的德性和"长者"的理政表现两个方面来寻找答案。先看长者的德性。

韩非子对长者的道德评价是：重厚自尊谓之长者。③司马迁大体上认同了韩非子对"长者"这样的道德评价。司马迁笔下的长者往往是重厚自尊的人。

> 主父方贵幸时，宾客以千数，及其族死，无一人收者，唯独汲孔车收葬之。天子后闻之，以为孔车长者也。④
>
> 释之久之前曰："陛下以绛侯周勃何如人也？"上（文帝）曰："长者也。"又复问："东阳侯张相如何如人也？"上复曰："长者。"释之曰："夫绛侯、东阳侯称为长者，此两人言事曾不能出口，岂学此啬夫谍谍利口捷给哉！且秦以任刀笔之吏，吏争以亟疾苛察相高，然其敝徒文具耳，无恻隐

---

① 《史记·陈丞相世家》，卷五十六，第 2052 页。
② 《史记·日者列传》，卷一百二十七，第 3216 页。
③ 王先慎撰《韩非子集解·诡使》，中华书局，1998，卷十七，第 411 页。
④ 《史记·平津侯主父偃列传》，卷一百一十二，第 2962 页。

之实。……"①

　　塞侯直不疑者，南阳人也。为郎，事文帝。其同舍有告归，误持同舍郎金去，已而金主觉，妄意不疑，不疑谢有之，买金偿。而告归者来而归金，而前郎亡金者大惭，以此称为长者。文帝称举，稍迁至太中大夫。朝廷见，人或毁曰："不疑状貌甚美，然独无奈其善盗嫂何也！"不疑闻，曰："我乃无兄。"然终不自明也。②

　　当然，由于个人的个性气质以及所处的地位和环境等方面的不同，长者的品性会在大同中有小异，如扬雄《法言·重黎》说："问'长者。'曰：'蔺相如申秦而屈廉颇，栾布之不倍，朱家之不德，直不疑之不校，韩安国之通使。'"③ 尽管如此，"重厚自尊"仍然是长者最基本的品性。下面再谈谈长者的理政表现。

　　"长者"理政，体现出浓厚的老子道家政治思想特点。汉之前，韩非子在其著作中，有两处引用郑长者之言："郑长者有言曰：'夫虚静无为而无见也。'"④ "郑长者有言：'体道，无为、无见也。'"⑤ 这里的郑长者的政治理念几乎与老子的政治理念无异。（班固《汉书·艺文志》有《郑长者》一篇。⑥）同样，司马迁笔下之长者的理政表现与道家的政治理念也基本上是一致的。他们施政醇谨宽厚，廉洁自尊，不生是非。

---

① 《史记·张释之冯唐列传》，卷一百二，第 2752 页。
② 《史记·万石张叔列传》，卷一百三，第 2770 ~ 2771 页。
③ 汪荣宝：《法言义疏·问道》，中华书局，1987，第 400 页。
④ 王先慎撰《韩非子集解·外储说右上》，中华书局，1998，卷十三，第 319 页。
⑤ 王先慎撰《韩非子集解·难二》，中华书局，1998，卷十五，第 362 页。
⑥ 王先谦补注《汉书补注》，书目文献出版社，1995，卷三十，第 867 页。

（曹参）择郡国吏木诎于文辞，重厚长者，即召除为丞相史。①

建陵侯卫绾者，代大陵人也。绾以戏车为郎，事文帝，功次迁为中郎将，醇谨无他。孝景为太子时，召上左右饮，而绾称病不行。文帝且崩时，属孝景曰："绾长者，善遇之。"②

是时张汤方乡学，以为奏谳掾，以古法议决疑大狱，而爱幸宽。宽为人温良，有廉智，自持，而善著书、书奏，敏于文，口不能发明也。汤以为长者，数称誉之。③

他们谨守旧章，不骄矜，不好名。

不疑学老子言。其所临，为官如故，唯恐人知其为吏迹也。不好立名称，称为长者。不疑卒，子相如代。孙望，坐酎金失侯。④

他们行不言之政，立不言之教。

孝文帝既立，召田叔问之曰："公知天下长者乎？"对曰："臣何足以知之！"上曰："公，长者也，宜知之。"叔顿首曰："故云中守孟舒，长者也。"是时孟舒坐虏大入塞盗劫，云中尤甚，免。上曰："先帝置孟舒云中十馀年矣，虏曾一人，孟舒不能坚守，毋故士卒战死者数百人。长者固杀人乎？公何以

① 《史记·曹相国世家》，卷五十四，第 2029 页。
② 《史记·万石张叔列传》，卷一百三，第 2768～2769 页。
③ 《史记·儒林列传》，卷一百二十一，第 3125 页。
④ 《史记·万石张叔列传》，卷一百三，第 2771 页。

言孟舒为长者也？"叔叩头对曰："是乃孟舒所以为长者也。夫贯高等谋反，上下明诏，赵有敢随张王，罪三族。然孟舒自髡钳，随张王敖之所在，欲以身死之，岂自知为云中守哉！汉与楚相距，士卒罢敝。匈奴冒顿新服北夷，来为边害，孟舒知士卒罢敝，不忍出言，士争临城死敌，如子为父，弟为兄，以故死者数百人。孟舒岂故驱战之哉！是乃孟舒所以为长者也。"①

这里虽然孟舒"不忍出言"以"驱战"，但士卒却都"士争临城死敌，如子为父，弟为兄"，这是黄老无为政治理念"行不言之政""立不言之教"的具体体现。对长者行不言之政，立不言之教之理政理念的认同，应该是当时人的共识。如董仲舒在《春秋繁露·深察名号》中谈人性问题时说：

今万民之性，待外教然后能善，善当与教，不当与性。与性，则多累而不精，自成功而无贤圣，此世长者之所误出也，非《春秋》为辞之术也。不法之言、无验之说，君子之所外，何以为哉！②

董仲舒主张人性必须通过教化才会向善，因此，他批评长者认为人性能"自成功"而无需"贤圣"的错误观点。这里，长者"自成功而无贤圣"的思想与老子"无为而自化"的思想相一致。

总之，司马迁笔下的长者，不管是道德品性还是理政理念都体

---

① 《史记·田叔列传》，卷一百四，第2776~2777页。
② 苏舆撰《春秋繁露义证》，中华书局，1992，卷十，第303页。

现出了浓厚的老子道家思想特色。对此，李景星作了很精要的概述，他说：

> 万石君父子及卫绾、直不疑、周仁、张叔俱以谨厚忠诚著名于时，故得连传。……凡传记叙奇事易，叙庸行难；犹之画家，画龙虎易，画狗马难。看此篇摹写五人醇谨处，言貌动止一一如生，非太史公孰能为之？《万石传》曰"爱其恭敬"，曰"恭敬无与比"，曰"皆以驯行孝谨"，曰"唯谨"，曰"诸子孙咸孝"，曰"其为谨慎虽他皆如是"。《卫绾传》曰"醇谨无他"，曰"绾长者"，曰"以谨力"，曰"忠实无他肠"，曰"上以绾为长者"，曰"自初官以至丞相，终无可言"，曰"天子以为敦厚"。《直不疑传》曰"以此称为长者"，曰"不好立名称，称为长者"。《周仁传》曰"阴重不泄"，曰"终无所言"，曰"常让"，曰"终无所受"。《张叔传》曰"其人长者"，曰"专以诚长者处官"，曰"官属以为长者"。①

司马迁对长者之道德品性和长者之政治理念是持肯定和赞扬的态度的。如汲黯好黄老，为人正直。武帝时，他任主爵都尉，抵触汉武帝的多欲政治，敢于指责迎合皇上的同僚。司马迁十分称赏他，"正衣冠立于朝廷，而群臣莫敢言浮说，长孺矜焉；好荐人，称长者，壮有溉。"② 万石、张叔为官醇谨，虽然"无他"行，司马迁还是称赏他们，"敦厚慈孝，讷于言，敏于行，务在鞠躬，君子长者。"③ 司马迁还用长者来称道他所敬仰的壶遂，他在《史

---

① 李景星：《四史评议》，岳麓书社，1986，第94页。
② 《史记》，卷一百三十，第3317～3318页。
③ 《史记·太史公自序》，卷一百三十，第3316页。

记·太史公自序》中说："余与壶遂定律历，观韩长孺之义，壶遂之深中隐厚。世之言梁多长者，不虚哉！"①

综上所述，长者在汉初有着广泛的社会和政治影响，他们所体现的德性和施政理念，得到了朝野上下的普遍认同和尊重。这些都表明了汉初长者的政治理念具有强烈的老子道家思想特色。正如柳诒徵所说："汉之长者，较之古之君子，谦卑不甚高论，然其风尚渊懿，犹足以次一代而迈后世。"可见，长者的道德品性、政治理念和为政表现，都是具有浓厚的老子道家思想特色。但要弄清楚上文所说的"长者与汉初黄老思想之盛行有着密切的关系"和"司马迁对遵循黄老思想者的长者有着一种特殊的情感"，就得分析汉代持黄老理政思想者在理政实践中的表现了。

由于秦暴政和战争，人口锐减，生产力遭到极大破坏。《史记·陈丞相世家》说："高帝南过曲逆，上其城，望见其屋室甚大，曰：'壮哉县！吾行天下，独见洛阳与是耳。'顾问御史曰：'曲逆户口几何？'对曰：'始秦时三万馀户，间者兵数起，多亡匿，今见五千户。'"② 这是汉高祖七年的事，此时曲逆的人口仅秦时的六分之一。关于这方面的记载，还有《史记·高祖功臣侯者年表》："天下初定，故大城名都散亡，户口可得而数者十二三，是以大侯不过万家，小者五六百户。"③ 又《史记·平准书》："汉兴，接秦之弊，丈夫从军旅，老弱转粮饷，作业剧而财匮，自天子不能具钧驷，而将相或乘牛车，齐民无藏盖。"④ 民生凋敝，可见一斑。《汉书·食货志》也有与此相证的记载：

① 《史记·韩长孺列传》，卷一百八，第 2865 页。
② 《史记·陈丞相世家》，岳麓书社，2004，第 875 页。
③ 《史记·高祖功臣侯者年表》，岳麓书社，2004，第 295 页。
④ 《史记·平准书》，岳麓书社，2004，第 438 页。

　　汉兴，接秦之敝，诸侯并起，民失作业而大饥馑。凡米石五千，人相食，死者过半。高祖乃令民得卖子，就食蜀、汉。天下既定，民亡盖臧，自天子不能具醇驷，而将相或乘牛车。上于是约法省禁，轻田租，十五而税一，量吏禄，度官用，以赋于民。而山川、园池、市肆租税之人，自天子以至封君汤沐邑，皆各为私奉养，不领于天子之经费。漕转关东粟以给中都官，岁不过数十万石。①

基于这种严峻的社会现实，鉴于秦亡的深刻教训，反对战争、反对苛捐杂税、反对劳役兵役，盼望恢复生产，以过上安宁的生活已成为当时社会上下的共识。在这样的背景下，统治者采用休养生息、"无为"而治的治国方针，是顺应民心、合乎时代要求的。汉初老子道家思想盛行，杨树达概述这一状况说："汉世老子之学盛行。诗家如韩婴，所著《韩诗外传》称述老子之言。又如董仲舒力主屏百家以尊儒术者也，其所著书中，亦颇有道家言。然则文景二帝好老子，其风所被广矣。"②在杨先生看来，汉初道家思想有如水银泻地，各家思想无不被浸染。在这种思想文化背景下，汉代朝野上下便出现了一批主张"无为"政治的黄老理政思想者。据史料记载，那时尊崇黄老理政思想的人主要有：

　　（1）盖公、曹参
　　《史记·曹相国世家》云："（参）闻胶西有盖公，善治黄老言，使人厚币请之。即见盖公，盖公为言治道贵清静而民自

---

①　王先谦补注《汉书补注·食货志》，书目文献出版社，1995，第491页。
②　杨树达：《老子古义》，上海古籍出版社，2007，第104页。

定，推此类具言之。参于是避正堂，舍盖公焉。其治要用黄老术，故相齐九年，齐国安集，大称贤相。"①

又《史记·乐毅列传》赞云："乐臣公学黄帝、老子……乐臣公教盖公。盖公教于齐高密、胶西，为曹相国师。"②

又《史记·太史公自序》云："曹参荐盖公言黄老。"③

（2）陈平

《汉书·陈平传》云："少时，家贫，好读书，治黄帝、老子之术。"④

（3）田叔

《史记·田叔传》云："叔喜剑，学黄老术于乐巨公所。"⑤

（4）汉文帝

《史记·礼书》云："孝文即位，有司议欲定仪礼，孝文好道家之学，以为繁礼饰貌，无益于治……"⑥

（5）司马季主

《史记·日者列传》褚少孙补云："夫司马季主者，楚贤大夫，游学长安，通《易经》，术黄帝、老子，博闻远见。"⑦

（6）窦太后　汉景帝　窦氏子弟

太后好黄老之言，而魏其、武安、赵绾、王臧等务隆推儒术，贬道家言，是以窦太后滋不说魏其等。⑧

又《汉书·外戚传》云："窦太后好黄帝、老子言，景帝

---

① 《史记·曹相国世家》，卷五十四，第2029页。
② 《史记·乐毅列传》，卷八十，第2436页。
③ 《史记·太史公自序》，卷一百三十，第3319页。
④ 王先谦补注《汉书补注》，书目文献出版社，1995，卷四十，第976页。
⑤ 《史记·田叔传》，卷一百四，第2775页。
⑥ 《史记·礼书》，卷二十三，第1160页。
⑦ 《史记·日者列传》，卷一百二十七，第3221页。
⑧ 《史记·魏其武安侯列传》，卷一百七，第2843页。

及诸窦不得不读《老子》，尊其术。"①

（7）直不疑

《史记·万石张叔传》云："不疑学老子言。"②

（8）王生

《史记·张释之冯唐列传》云："王生者，善为黄老言，处士也。"③

（9）汲黯

《史记·汲郑列传》云："黯学黄老之言……"④

（10）郑当时

《史记·汲郑列传》云："郑当时者，字庄……庄好黄老之言。"⑤

（11）黄子、司马谈

《太史公自序》云："谈为太史公。太史公……习道论于黄子。"⑥

（12）司马迁

《汉书·扬雄传赞》云："桓谭曰：'昔老聃著虚无之言两篇，薄仁义，非礼学，然后世好之者尚以为过于五经，自汉文、景之君，及司马迁皆有是言。'"⑦

（13）杨王孙

《汉书·杨王孙传》云："杨王孙者，孝武时人也，学黄老之术。"⑧

---

① 王先谦补注《汉书补注》，书目文献出版社，1995，卷九十七上，第1655页。

② 《史记·万石张叔传》，卷一百三，第2771页。

③ 《史记·张释之冯唐列传》，卷一百二，第2756页。

④ 《史记·汲郑列传》，卷一百二十，第3105页。

⑤ 《史记·汲郑列传》，卷一百二十，第3111～3112页。

⑥ 《史记·太史公自序》，卷一百三十，第3286～3288页。

⑦ 王先谦补注《汉书补注》，书目文献出版社，1995，第1516页。

⑧ 王先谦补注《汉书补注》，卷六十七，第1290页。

（14）刘德

《汉书·楚元王传》云："德，字路叔。少修黄老术。德常持老子知足之计。妻死，大将军光欲以女妻之，德不敢娶，畏盛满也。"①

（15）邓章

（邓）章以修黄老言显于诸公间。②

由此可以看出，汉初政治，具有浓厚的黄老政治色彩。司修武说："西汉初年，自高帝元年起，至武帝建元六年窦太后死止，七十年的时间，政坛上是黄老学说的天下。皇室的人，像刘邦、孝惠、高后、文帝、窦太后、景帝；大臣，像陆贾、张良、陈平、曹参、贾谊；他们或多或少，或深或浅，都受过黄老思想的熏染。"③ 上面所列的信奉黄老思想者多数活跃于当时的政坛，从他们的政治理念和理政举措来看，有着惊人的相似之处，他们几乎都遵循因循无为的政治理念，亦即他们几乎都遵循黄老理政思想施政。曹参是孝惠帝时用黄老思想施政的代表人物。孝惠帝元年，曹参被任命为齐国丞相。曹参做齐国丞相时，他把齐国的长老和书生招来，询问安抚百姓的办法。然而，他们却众说纷纭、莫衷一是。后来曹参听说胶西有位盖公精研黄老学说，就派人带着厚礼把他请来。盖公对曹参说，治理国家的办法贵在"贵清静而民自定"。这与老子"我好静而民自正"的政治理念实质上是一致的。此后，曹参治理齐国就是采用黄老学说。他当齐国丞相九年，齐国安定，人们极力称赞他是贤明的丞相。后来，曹参被萧何荐举担任汉相国，他离开齐国时，"属其后相曰：'以齐狱市为寄，慎勿扰也。'后相曰：'治无

---

① 王先谦补注《汉书补注》，卷三十六，第 938~939 页。
② 《史记·袁盎晁错列传》，卷四十一，第 2748 页。
③ 司修武：《黄老学说与汉初政治平议》，台湾学生书局，1992，第 165 页。

大于此者乎?'参曰:'不然。夫狱市者,所以并容也,今君扰之,奸人安所容也?吾是以先之。'"① 曹参的以监狱和集市之事告诫后相"慎勿扰也",正是他主张以清净无为理念治国的反映。曹参担任汉相国,仍一以贯之地贯彻执行黄老政治理念,"参代何为汉相国,举事无所变更,一遵萧何约束"②。

如果说监狱和集市属于民事,那么,曹参在吏治方面又如何呢?《史记·曹相国世家》说:

> 择郡国吏木讷於文辞,重厚长者,即召除为丞相史。吏之言文刻深,欲务声名者,辄斥去之。日夜饮醇酒。卿大夫已下吏及宾客见参不事事,来者皆欲有言。至者,参辄饮以醇酒,间之,欲有所言,复饮之,醉而后去,终莫得开说,以为常。相舍后园近吏舍,吏舍日饮歌呼。从吏恶之,无如之何,乃请参游园中,闻吏醉歌呼,从吏幸相国召按之。乃反取酒张坐饮,亦歌呼与相应和。参见人之有细过,专掩匿覆盖之,府中无事。③

曹参把"言文刻深,欲务声名者"的官吏撤职,代之以"木讷于文辞,重厚长者"。不仅如此,他还"见人之有细过,专掩匿覆盖之",可见,曹参在吏治方面也是彻底贯彻其清净无为的理政原则的。

需要指出的是,在曹参清静无为理政思想中,最为突出的是因循。"因循"也是汉初黄老思想最主要的特点。《黄帝四经》中就有很多地方谈到"因循"问题,如"因天之生也以养生,胃

---

① 《史记·曹相国世家》,岳麓书社,2004,第852页。
② 《史记·曹相国世家》,岳麓书社,2004,第852页。
③ 《史记·曹相国世家》,岳麓书社,2004,第852页。

（谓）之文。因天之杀也以伐死，胃（谓）之武"①。"因天时，伐天毁，谓之武。"② "天因而成之。弗因则不成。"③ "天地刑之，圣人因而成之。圣人之功，时为之庸。因时秉宜，兵必有成功。"④ "圣人不为始，不剸（专）已，不豫谋，不为得，不辞福，因天之则。"⑤ "因地以为资，因民以为师，弗因无衷也。"⑥ 在《淮南子》中，刘安则对"因循"思想进行了深入的分析。《淮南子·泰族训》：

> 天地四时，非生万物也，神明接，阴阳和，而万物生之。圣人之治天下，非易民性也，拊循其所有而涤荡之，故因则大，化则细矣。禹凿龙门，辟伊阙，决江浚河，东注之海，因水之流也。后稷垦草发菑，粪土树谷，使五种各得其宜，因地之势也。汤、武革车三百乘，甲卒三千人，讨暴乱，制夏、商，因民之欲也。故能因，则无敌于天下矣。夫物有以自然，而后人事有治也。故良匠不能斫金，巧冶不能铄木，金之势不可斫；而木性不可铄也。挻埴而为器，窬木而为舟，铄铁而为刃，铸金而为钟，因其可也。驾马服牛，令鸡司夜，令狗守门，因其自然也。民有好色之性，故有大婚之礼；有饮食之性，故有大飨之谊；有喜乐之性，故有钟鼓管弦之音；有悲哀之性，故有衰绖哭踊之节。故先王之制法也，因民之所好而为之节文者也。因其好色而制婚姻之礼，故男女有别；因其喜音而正《雅》、

---

① 陈鼓应：《黄帝四经今注今译·经法·君正》，商务印书馆，2007，第65页。
② 陈鼓应：《黄帝四经今注今译·经法·四度》，商务印书馆，2007，第119页。
③ 陈鼓应：《黄帝四经今注今译·十大经·观》，商务印书馆，2007，第210页。
④ 陈鼓应：《黄帝四经今注今译·十大经·兵容》，商务印书馆，2007，第280页。
⑤ 陈鼓应：《黄帝四经今注今译·称》，商务印书馆，2007，第348页。
⑥ 陈鼓应：《黄帝四经今注今译·称》，商务印书馆，2007，第367页。

《颂》之声，故风俗不流；因其宁家室、乐妻子，教之以顺，故父子有亲；因其喜朋友而教之以悌，故长幼有序。然后修朝聘以明贵贱，飨饮习射以明长幼，时搜振旅以习用兵也，入学庠序以修人伦。此皆人之所有于性，而圣人之所匠成也。①

又《淮南子·修务训》

> 或曰："无为者，寂然无声，漠然不动，引之不来，推之不往。如此者，乃得道之像。"吾以为不然。尝试问之矣："若夫神农、尧、舜、禹、汤，可谓圣人乎？"有论者必不能废。以五圣观之，则莫得无为，明矣。……若吾所谓无为者，私志不得入公道，嗜欲不得枉正术，循理而举事，因资而立权，自然之势，而曲故不得容者，事成而身弗伐，功立而名弗有，非谓其感而不应，攻而不动者。②

《淮南子》一书大约完成于汉景帝统治时期，高诱注序说"其旨近老子"，其内容以老子思想为依归，对"因循"思想进行了充分的阐述。刘安希望用"因循"来实现老子"无为而无不为"的政治理想。司马谈也非常推崇"因循"思想，他在《论六家要旨》中说："道家无为，又曰无不为，其实易行，其辞难知。其术以虚无为本，以因循为用。无成势，无常形，故能究万物之情。不为物先，不为物后，故能为万物主。有法无法，因时为业；有度无度，因物与合。"③

---

① 何宁：《淮南子集释·泰族训》，中华书局，1998，第1385～1387页。
② 何宁：《淮南子集释·泰族训》，中华书局，1998，第1311～1323页。
③ 《史记·太史公自序》，岳麓书社，2004，第1781页。

曹参在执政中，贯彻以"因循"为核心的清净无为思想，取得了理想的政治效果。他去世后，百姓称颂他说："萧何为法，顜若画一；曹参代之，守而勿失。载其清净，民以宁一。"①司马迁在《曹相国世家》中也称赞说："参为汉相国，清静极言合道。然百姓离秦之酷后，参与休息无为，故天下俱称其美矣。"②

文帝和景帝时，黄老思想的代表人物有直不疑。《史记·万石张叔列传》说："不疑学老子言。其所临，为官如故，唯恐人知其为吏迹也。"③孝武帝初年的代表人物有汲黯。《史记·汲郑列传》记载：

> 孝景帝崩，太子即位，黯为谒者。东越相攻，上使黯往视之。不至，至吴而还，报曰："越人相攻，固其俗然，不足以辱天子之使。"河内失火，延烧千馀家，上使黯往视之。还报曰："家人失火，屋比延烧，不足忧也。臣过河南，河南贫人伤水旱万馀家，或父子相食，臣谨以便宜，持节发河南仓粟以振贫民。臣请归节，伏矫制之罪。"上贤而释之，迁为荥阳令。……黯学黄老之言，治官理民，好清静，择丞史而任之。其治，责大指而已，不苛小。黯多病，卧闺阁内不出。岁馀，东海大治。称之。上闻，召以为主爵都尉，列于九卿。治务在无为而已，弘大体，不拘文法。④

汲黯学黄老之言，"治官理民，好清静""其治，责大指而已，不

---

① 《史记·太史公自序》，岳麓书社，2004，第853页。
② 《史记·太史公自序》，岳麓书社，2004，第854~855页。
③ 《史记》，卷一百三，第2771页。
④ 《史记·汲郑列传》，卷一百二十，第3105页。

苟小""治务在无为而已，弘大体，不拘文法"，这就是汲黯用黄老之言理政的实质。汲黯好清静的治官理民思想，还表现在他反对汉武帝的"多欲"政治。他曾讽谏武帝说："陛下内多欲而外施仁义，奈何欲效唐虞之治乎！"[1] 这里，司马迁所描述、所称道的持黄老政治思想者的政治思想与老子的政治思想基本上是一致的。汉初政治以黄老思想为指导，这对于恢复和发展经济起了积极和重要的作用。

文景之时，在黄老思想指导下，推行休养生息政策，轻徭薄赋，经济得以发展，出现了"治世"之景。司马迁对此予以了充分的肯定，他在《史记·酷吏列传》中说："孔子曰：'导之以政，齐之以刑，民免而无耻。导之以德，齐之以礼，有耻且格。'老氏称：'上德不德，是以有德；下德不失德，是以无德。法令滋章，盗贼多有。'太史公曰：信哉是言也！法令者治之具，而非制治清浊之源也。昔天下之网尝密矣，然奸伪萌起，其极也，上下相遁，至于不振。当是之时，吏治若救火扬沸，非武健严酷，恶能胜其任而愉快乎！言道德者，溺其职矣。故曰'听讼，吾犹人也，必也使无讼乎'。'下士闻道大笑之'。非虚言也。汉兴，破觚而为圆，斫雕而为朴，网漏于吞舟之鱼，而吏治烝烝，不至于奸，黎民艾安。由是观之，在彼不在此。"[2]

可见，在司马迁的思想中，黄老政治思想的本质是属于老子道家思想的，其精髓就是以虚无为本、以因循为用，主张清净无为；而且，"长者"是司马迁笔下黄老思想在个人之道德品行和政治理念方面的承担者。长者和持黄老思想者是我们理解黄老政治思想的钥匙。当然，我们也应该认识到，汉初黄老理政思想与老子的理政

---

[1] 《史记·汲郑列传》，卷一百二十，第3106页。

[2] 《史记·酷吏列传》，卷一百二十二，第3131页。

思想并不是完全吻合的，它在继承老子理政思想的基础上又有所发展。

三　司马迁黄老理政思想对老子理政思想的继承和发展

从上一节分析中已经得出，司马迁的黄老理政思想的实质是与老子理政思想一致的，下面来分析一下司马迁对老子理政思想的继承和发展。先分析一下老子的理政思想。

老子道家理政思想的本质是无为而治。《老子》三章说："使夫知者不敢为，为无为，则无不治。"① 《老子》十章说："爱人治国，能无为？"② 老子无为而治之理政思想的依据是"道"，《老子》三十七章说："道常无为而无不为。侯王若能守，万物将自化。化而欲作，吾将镇之以无名之朴。无名之朴，亦将不欲。不欲以静，天下将自正。"③ 老子要求统治者施政应该效法"道"，以实行无为而治，而要做到无为而治就必须顺其自然，避免一切人为的干预，只有这样才能让天下"自定"。《老子》五十一章说："是以万物莫不尊道而贵德。道之尊，德之贵，夫莫之命而常自然。"④ 《老子》二十五章说："人法地，地法天，天法道，道法自然。"⑤ 老子认为人为的"化"只能导致"欲作"和有为，而有为又是使天下不得安宁的原因。《老子》五十七章说："天下多忌讳，而人弥贫；人多利器，国家滋昏；人多伎巧，奇物滋起；法令滋彰，盗

① 朱谦之：《老子校释》，中华书局，1984，第16页。

② 朱谦之：《老子校释》，中华书局，1984，第40页。

③ 朱谦之：《老子校释》，中华书局，1984，第146~147页。

④ 朱谦之：《老子校释》，中华书局，1984，第203页。

⑤ 朱谦之：《老子校释》，中华书局，1984，第103页。

贼多有。故圣人云:'我无为,人自化;我好静,人自正;我无事,人自富;我无欲,人自朴。'"① 可见,顺应自然之势,摒弃人为是老子无为理政思想的核心。

老子把天下的纷争和有为政治的原因归为人之智能的开化和人好名、好利之欲望的萌生。《老子》十八章说:"大道废,有仁义;智惠出,有大伪;六亲不和,有孝慈;国家昏乱,有忠臣。"②《老子》六十五章说:"古之善为道者,非以明民,将以愚之。民之难治,以其智多。以智治国,国之贼。不以智治国,国之福。"③ 所以,老子主张统治者"绝圣弃智""绝仁弃义""绝巧弃利",让人回复的"见素抱朴、少私寡欲"的自然敦朴、清静寡欲的本真状态。这一主张显然是有悖于人类社会发展潮流的。司马迁充分认识到了这一点,他知道老子的这些政治主张是不可能实现的,所以,他在继承老子理政思想的同时又发展了老子理政思想。

下面来分析司马迁对以老子理政思想为核心的黄老理政思想的认识和发展。司马迁在《史记·太史公自序》中阐述各家理政思想时,全文引用了其父的《论六家要指》,这说明他对他父亲对黄老道家理政思想的阐述是认同的。《论六家要指》是这样描述黄老道家的:

> 道家使人精神专一,动合无形,赡足万物。其为术也,因阴阳之大顺,采儒墨之善,撮名法之要,与时迁移,应物变化,立俗施事,无所不宜,指约而易操,事少而功多。……至

---

① 朱谦之:《老子校释》,中华书局,1984,第 231～232 页。
② 朱谦之:《老子校释》,中华书局,1984,第 72～73 页。
③ 朱谦之:《老子校释》,中华书局,1984,第 263～264 页。

于大道之要，去健羡，绌聪明，释此而任术。①

　　道家无为，又曰无不为，其实易行，其辞难知。其术以虚无为本，以因循为用。无成势，无常形，故能究万物之情。不为物先，不为物后，故能为万物主。有法无法，因时为业；有度无度，因物与合。故曰"圣人不朽，时变是守。虚者道之常也，因者君之纲"也。群臣并至，使各自明也。其实中其声者谓之端，实不中其声者谓之窾。窾言不听，奸乃不生，贤不肖自分，白黑乃形。在所欲用耳，何事不成。乃合大道，混混冥冥。光耀天下，复反无名。②

司马迁从君主治国理政的层面，总结了黄老道家在理政方面的长处有：第一，合于大道，主张无为；第二，以虚无为本，以因循为用。这里司马迁继承了老子因循的理政思想，但是由于司马迁的古史观与社会发展的演进观与老子的不同，所以，他的因循无为思想在老子思想的基础上又有所发展。司马迁舍弃了老子希望人们返璞归真和社会复古的理想政治，因为司马迁认识到了人类社会是发展变化的，人不可能泯灭欲望，返璞归真，其追求财富、名誉和地位的本性是不可逆转的。所以，他认为统治者的以"因"为纲，是要"与时迁移，应物变化""无成势，无常形""因时为业"和"因物与合"的。一句话，统治者理政，既要因顺人情，又要因应时变。

　　从《史记》本文看，司马迁具有比较浓厚的以老子思想为依归的黄老理政思想色彩，其表现除了上文所分析的他对长者有特殊情感之外，还表现在司马迁对汉初统治者因为实行黄老政治而出现

---

① 《史记》，卷一百三十，第 3289 页。
② 《史记》，卷一百三十，第 3292 页。

的"至治"之世表达了高度的赞颂之情。

> 太史公曰：孝惠皇帝、高后之时，黎民得离战国之苦，君臣俱欲休息乎无为，故惠帝垂拱，高后女主称制，政不出房户，天下晏然。刑罚罕用，罪人是希。民务稼穑，衣食滋殖。①
>
> 故百姓无内外之繇，得息肩于田亩，天下殷富，粟至十馀钱，鸣鸡吠狗，烟火万里，可谓和乐者乎！太史公曰：文帝时，会天下新去汤火，人民乐业，因其欲然，能不扰乱，故百姓遂安。自年六七十翁亦未尝至市井，游敖嬉戏如小儿状。孔子所称"有德君子"者邪！②
>
> 至今上即位数岁，汉兴七十馀年之间，国家无事，非遇水旱之灾，民则人给家足，都鄙廪庾皆满，而府库馀货财。京师之钱累巨万，贯朽而不可校。太仓之粟陈陈相因，充溢露积于外，至腐败不可食。众庶街巷有马，阡陌之间成群，而乘字牝者傧而不得聚会。守闾阎者食粱肉，为吏者长子孙，居官者以为姓号。故人人自爱而重犯法，先行义而后绌耻辱焉。当此之时，网疏而民富……③

司马迁以赞美的笔触描述了汉初黄老政治的成功与社会的和乐美好，司马迁笔下的汉初"盛景"与老子笔下的"至治之极"的理想社会十分相似。司马迁认为这种民自化、民自富的政治局面的出现，是因为统治者顺应时代潮流而采用黄老无为政治的结果。所以，司马迁对黄老理政思想中的因循思想表现出了很大的热情。

---

① 《史记·吕太后本纪》，卷九，第412页。
② 《史记·律书》，卷二十五，第1242～1243页。
③ 《史记·平准书》，卷三十，第1420页。

司马迁认同黄老政治因循"自然"的思想,主要表现在以下三个方面。

第一,主张因顺人性、顺应民欲。司马迁充分肯定人的求富本性,《货殖列传》说:

> 贤人深谋于廊庙,论议朝廷,守信死节隐居岩穴之士设为名高者安归乎?归于富厚也。是以廉吏久,久更富,廉贾归富。富者,人之情性,所不学而俱欲者也。故壮士在军,攻城先登,陷阵却敌,斩将搴旗,前蒙矢石,不避汤火之难者,为重赏使也。其在闾巷少年,攻剽椎埋,劫人作奸,掘冢铸币,任侠并兼,借交报仇,篡逐幽隐,不避法禁,走死地如鹜者,其实皆为财用耳。今夫赵女郑姬,设形容,揳鸣琴,揄长袂,蹑利屣,目挑心招,出不远千里,不择老少者,奔富厚也。游闲公子,饰冠剑,连车骑,亦为富贵容也。弋射渔猎,犯晨夜,冒霜雪,驰坑谷,不避猛兽之害,为得味也。博戏驰逐,斗鸡走狗,作色相矜,必争胜者,重失负也。医方诸食技术之人,焦神极能,为重糈也。吏士舞文弄法,刻章伪书,不避刀锯之诛者,没于赂遗也。农工商贾畜长,固求富益货也。此有知尽能索耳,终不馀力而让财矣。①

又说:

> "仓廪实而知礼节,衣食足而知荣辱。"礼生于有而废于无。故君子富,好行其德;小人富,以适其力。渊深而鱼生之,山深而兽往之,人富而仁义附焉。富者得执益彰,失执则

---

① 《史记·货殖列传》,卷一百二十九,第3271页。

客无所之，以而不乐。夷狄益甚。谚曰："千金之子，不死于市。"此非空言也。故曰："天下熙熙，皆为利来；天下攘攘，皆为利往。"夫千乘之王，万家之侯，百室之君，尚犹患贫，而况匹夫编户之民乎！①

基于人的社会活动都是为了利的认识，司马迁主张统治者为政应顺其自然，以因顺民欲、顺应民情为上策，亦即所谓"善者因之"。这样人们便能"安其俗，乐其业"，不需要统治者费心劳神，《货殖列传》说："故物贱之征贵，贵之征贱，各劝其业，乐其事，若水之趋下，日夜无休时，不召而自来，不求而民出之。岂非道之所符，而自然之验邪？"②"管仲既任政相齐，以区区之齐在海滨，通货积财，富国强兵，与俗同好恶。故其称曰：'仓廪实而知礼节，衣食足而知荣辱，上服度则六亲固。四维不张，国乃灭亡。下令如流水之原，令顺民心。'故论卑而易行。俗之所欲，因而予之；俗之所否，因而去之。"③统治者一旦干预，就会适得其反。司马迁对兴利之臣为了配合汉武帝推行"多欲"政治所采取的一系列与民争利的政策，诸如盐铁官营、货币官造、均输平准和算缗、告缗等表示了强烈的不满。《平准书》说：

匈奴绝和亲，侵扰北边，兵连而不解，天下苦其劳，而干戈日滋。行者赍，居者送，中外骚扰而相奉，百姓抏弊以巧法，财赂衰耗而不赡。入物者补官，出货者除罪，选举陵迟，廉耻相冒，武力进用，法严令具。兴利之臣自此始也。④

---

① 《史记·货殖列传》，卷一百二十九，第 3256 页。
② 《史记·货殖列传》，卷一百二十九，第 3254 页。
③ 《史记·管晏列传》，岳麓书社，2004，第 943 页。
④ 《史记·平准书》，卷三十，第 1421 页。

司马迁对兴利之臣过于干预经济生活的举措颇有微词，他在《平准书》中特意征引了汉武帝与卜式的一段对话：

> 初，式不愿为郎。上曰："吾有羊上林中，欲令子牧之。"式乃拜为郎，布衣屦而牧羊。岁馀，羊肥息。上过见其羊，善之。式曰："非独羊也，治民亦犹是也。以时起居；恶者辄斥去，毋令败群。"①

司马迁征引这段对话的用意是很明显的。最后，司马迁又借卜式之口表达了对兴利之臣的不满，"是岁小旱，上令官求雨。卜式言曰：'县官当食租衣税而已，今弘羊令吏坐市列肆，贩物求利。亨弘羊，天乃雨。'"②

第二，主张因民俗，因俗为政。如：

> 戎王使由馀于秦。……秦缪公示以宫室、积聚。由馀曰："使鬼为之，则劳神矣。使人为之，亦苦民矣。"缪公怪之，问曰："中国以诗书礼乐法度为政，然尚时乱，今戎夷无此，何以为治，不亦难乎？"由馀笑曰："此乃中国所以乱也。夫自上圣黄帝作为礼乐法度，身以先之，仅以小治。及其后世，日以骄淫。阻法度之威，以责督于下，下罢极则以仁义怨望于上，上下交争怨而相篡弑，至于灭宗，皆以此类也。夫戎夷不然。上含淳德以遇其下，下怀忠信以事其上，一国之政犹一身之治，不知所以治，此真圣人之治也。"③
>
> 太公至国，修政，因其俗，简其礼，通商工之业，便鱼盐

---

① 《史记·平准书》，卷三十，第1432页。
② 《史记·平准书》，卷三十，第1442页。
③ 《史记·秦本纪》，卷五，第192～193页。

之利，而人民多归齐，齐为大国。①

　　鲁公伯禽之初受封之鲁，三年而后报政周公。周公曰："何迟也？"伯禽曰："变其俗，革其礼，丧三年然后除之，故迟。"太公亦封于齐，五月而报政周公。周公曰："何疾也？"曰："吾简其君臣礼，从其俗为也。"及后闻伯禽报政迟，乃叹曰："呜呼，鲁后世其北面事齐矣！夫政不简不易，民不有近；平易近民，民必归之。"②

　　管仲既任政相齐，以区区之齐在海滨，通货积财，富国强兵，与俗同好恶。故其称曰："仓廪实而知礼节，衣食足而知荣辱，上服度则六亲固。四维不张，国乃灭亡。下令如流水之原，令顺民心。"故论卑而易行。俗之所欲，因而予之；俗之所否，因而去之。③

文中司马迁所说或所引"上含淳德以遇其下""不知所以治"，"因其俗，简其礼""简其君臣礼，从其俗为""政不简不易，民不有近；平易近民，民必归之""下令如流水之原，令顺民心""论卑而易行。俗之所欲，因而予之；俗之所否，因而去之"等话语，都表明了司马迁很看重顺应民俗的施政理念在实现无为政治的重要意义。

　　第三，主张因循时变。司马迁认为时代是发展的，不同的时代具有不同的特点，为政者应当顺应时代发展的趋势，以"承敝通变"。《高祖本纪》赞说：

　　　　夏之政忠。忠之敝，小人以野，故殷人承之以敬。敬之

---

① 《史记·齐太公世家》，卷三十二，第1480页。
② 《史记·鲁周公世家》，卷三十三，第1524页。
③ 《史记·管晏列传》，卷六十二，第2132页。

敝，小人以鬼，故周人承之以文。文之敝，小人以僿，故救僿
莫若以忠。①

司马迁对秦夺取天下之前"因时为业"的政治给予肯定，"秦
取天下多暴，然世异变，成功大"②；对秦夺取天下后因政治循而
不改，甚至变本加厉推行暴政而导致灭亡进行了批判，"周秦之
间，可谓文敝矣。秦政不改，反酷刑法，岂不缪乎？"③ 又如《曹
相国世家》说："参为汉相国，清静极言合道。然百姓离秦之酷
后，参与休息无为，故天下俱称其美矣。"④《刘敬叔孙通列传》
说："叔孙通希世度务制礼，进退与时变化，卒为汉家儒宗。'大
直若诎，道固委蛇'，盖谓是乎？"⑤ 司马迁认为，统治者一定要认
清社会形势和发展趋势，并在此基础上依据形势的变化不断调整施
政思想和方针，才能成功。一句话，施政必须因时变，才是善政，
也只有因时变，才会成大功。

四　司马迁认为法家思想源于黄老学说分析

与对先秦儒家和汉初黄老道家之理政思想的称赏不同，司马迁
对法家政治思想，在情感和认识上都显得有些复杂，他既充分肯定
法家人物在富国强兵方面的积极贡献与作用，又毫不留情地揭示他
们给国家和民众造成的灾难。对于司马迁为何会产生这样的复杂情
感与认识，我暂不作探讨。这里我希望通过分析黄老与法家理政思

---

① 《史记·高祖本纪》，卷八，第 393 页。
② 《史记·六国年表》，上海古籍出版社，1997，卷十五，第 527 页。
③ 《史记·高祖本纪》，卷八，第 394 页。
④ 《史记·曹相国世家》，卷五十四，第 2031 页。
⑤ 《史记·刘敬叔孙通列传》，卷九十九，第 2726 页。

想的联系和区别，来进一步论证司马迁所说的黄老理政思想不包含
"刑"的思想，并以此来阐明黄老理政思想是不主张"刑德并用"
的。我立论的依据是，虽然司马迁认为法家源于黄老，黄老思想的
实质与老子道家思想基本一致，本章的第一、二节已作了分析，但
他又说了"而老子深远矣"，说明在司马迁的思想里，黄老理政思
想与法家理政思想是有本质区别的。

从现存史料看，最先指出法家思想源于黄老的是司马迁，司马
迁所列法家思想源于黄老的法家人物有申子、韩非子和慎到等人。

（1）申子之学本于黄老而主刑名。……韩非者，韩之诸
公子也。喜刑名法术之学，而其归本于黄老。①

（2）太史公曰：老子所贵道，虚无，因应变化于无为……
庄子散道德，放论，要亦归之自然。申子卑卑，施之于名实。
韩子引绳墨，切事情，明是非，其极惨礉少恩。皆原于道德之
意，而老子深远矣。②

（3）慎到，赵人。田骈、接子，齐人。环渊，楚人。皆
学黄老道德之术，因发明序其指意。③

有学者认为，司马迁之所以说法家政治思想源于黄老，是因为
法家把法的本原归于"道"，即"道生法"。我认为仅凭这一点，
说服力是不够的。因为贾谊的《新书·道德说》也认为儒家的仁
义礼乐源于"道"④，司马迁却并没有说贾谊的思想源于黄老。看
来，要弄清楚法家源于黄老而又不同于黄老这一问题，仅仅凭形而

① 《史记·老子韩非列传》，卷六十三，第 2146 页。
② 《史记·老子韩非列传》，卷六十三，第 2156 页。
③ 《史记·孟子荀卿列传》，卷七十四，第 2347 页。
④ 参见《贾谊集·道德说》，上海人民出版社，1976，第 143～146 页。

上的探究是不行的，因此，我拟侧重于形而下的角度进行探讨。我用的材料将以《韩非子》《李斯列传》①和《老子》为主。

从政治理念的角度看，黄老道家和法家思想有不少相同点，但在目标追求和实际的施政措施上，却有天壤之别。

第一，黄老道家与法家都信奉切实际的政治理念，务实不务虚。《张释之冯唐列传》有这样一段记载，一次，张释之朝见汉文帝后，"因前言便宜事"，汉文帝对他说："'卑之，毋甚高论，令今可施行也。'于是释之言秦汉之间事，秦所以失而汉所以兴者久之。文帝称善，乃拜释之为谒者仆射。"② 于是，张释之便只好言"秦汉之间事"及"秦所以失而汉所以兴"这些贴近实际的"后王"之事。汉文帝遵奉黄老思想，他的"卑之，毋甚高论，令今可施行也"的话语，道出了黄老思想者的为政理念，也道出了黄老思想的特点。法家政治思想也具有这一特点。司马迁在《老子韩非列传》中，评论韩非子和申子的学说，说："申子卑卑，施之于名实。韩子引绳墨，切事情，明是非……"③ 这里"申子卑卑"意思应该是说申子的学说通俗而又接近实际。《说文解字》说："卑，贱也，执事也。"上面所引汉文帝与张释之的对话，也应该是"申子卑卑"之意思的最佳注脚。韩非子之"切事情"的意思

---

① 选择《李斯列传》原因如下：第一，司马迁明确指出了韩非子的思想源于"黄老"和"老子道家"。《老子韩非列传》说，韩非子"喜刑名法术之学，而其归本于黄老"，又说，"韩子引绳墨，切事情，明是非，其极惨礉少恩。皆原于道德之意，而老子深远矣。"第二，秦始皇是一个确立并推行以法家政治思想为治国主导思想的帝王。秦始皇重用李斯，李斯是法家思想积极推行者和实践者；秦始皇赏识韩非子，他在读了韩非子的著作后，感慨地说："嗟乎，寡人得见此人与之游，死不恨矣！"为了得到韩非子，他甚至不惜发动战争。第三，李斯与韩非子同学，他俩都是荀子的学生，学缘相近。第四，李斯有一篇申子和韩非子学说的弘论。第五，司马迁对李斯和韩非子的评价大体相同。司马迁对韩非子的评价"极惨礉少恩"；他在《李斯列传》中引用李斯的话，"成大功者，在因瑕衅而遂忍之"这实际就暗含着其对李斯的评价。

② 《史记·张释之冯唐列传》，卷一百二，第 2751 页。

③ 《史记·老子韩非列传》，卷六十三，第 2156 页。

也是切近现实，《韩非子》之《解老》和《喻老》篇的基本思想就是将老子思想引入现实政治。所以，在切近现实这一点上，申子、韩非子的思想与黄老思想是一致的。虽然法家思想与黄老思想都信奉切实际的政治理念，但它们实际追求的政治目的却不相同。黄老追求的是无私无欲的自然敦朴政治；法家追求的是君主威权的专制政治。

第二，黄老道家和法家都主张因循、无为而治。黄老道家追求的是因任自然的无为而治的政治原则，反对一切人为。《老子》第二十五章说："人法地，地法天，天法道，道法自然。"① 法家则是主张因法而治。法家希望通过一整套人为的"法"来规范民众的行为，整齐万民，以达到无为而治的目的，即所谓的君主循名责实论。如《韩非子·大体》说：

> 不以智累心，不以私累己；寄治乱于法术，托是非于赏罚，属轻重于权衡；不逆天理，不伤情性；不吹毛而求小疵，不洗垢而察难知；不引绳之外，不推绳之内；不急法之外，不缓法之内；守成理，因自然；祸福生乎道法而不出乎爱恶，荣辱之责在乎己而不在乎人。故至安之世，法如朝露，纯朴不散；心无结怨，口无烦言。故车马不疲弊于远路，旌旗不乱于大泽，万民不失命于寇戎，雄骏不创寿于旗幢；豪杰不著名于图书，不录功于盘盂，记年之牒空虚。故曰：利莫长于简，福莫久于安。②

这里，韩非子描述的理想之治世似乎与老子的相一致，但在政治操

---

① 陈鼓应：《老子注译及评介》，中华书局，1984，第163页。
② 王先慎：《韩非子集解·大体》，中华书局，1998，卷八，第209~210页。

作层面上却与老子思想背道而驰。又如，李斯说："夫不能修申、韩之明术，行督责之道，专以天下自适也，而徒务苦形劳神，以身徇百姓，则是黔首之役，非畜天下者也，何足贵哉！"① 另外，黄老主张的因民欲是要求统治者满足人的基本物质需求，让人各附所安。如《淮南子》把《老子》第八十一章"小国寡民"阐释为："物莫避其所利而就其所害。是故，邻国相望，鸡狗之音相闻，而足迹不接诸侯之境，车轨不结千里之外者，皆各得其所安。"② 法家则把因民欲转化为控制人的手段，《韩非子·二柄》说："明主之所导制其臣者，二柄而已矣。二柄者，刑、德也。何谓刑德？曰：杀戮之谓刑，庆赏之谓德。为人臣者畏诛罚而利庆赏，故人主自用其刑德，则群臣畏其威而归其利矣。"③ 韩非子要求君主掌握赏罚这"二柄"，治国就无忧，因为人性趋利而避害。《韩非子·八经》说："凡治天下，必因人情。人情者有好恶，故赏罚可用。赏罚可用则禁令可立，而治道具矣。"④ 这是说，君王治天下，行事要循人性。人性之中，有所爱，也有所憎，因此，赏罚便能发挥作用。赏罚能起作用，便能做到令行禁止，治世之道，于是便已具备了。

第三，黄老道家和法家都主张"愚民"。黄老道家认为民（包括统治者）智的开化是万恶之源，《老子》第十九章说："绝圣弃智，民利百倍"⑤，《老子》第十八章说："智惠出，有大伪"⑥，所以他们希望人（包括统治者）质朴、敦厚，回归"见素抱朴少私寡欲"的"婴儿"状态。法家的愚民则是统治者愚弄欺骗老百姓，

① 《史记·李斯列传》，卷八十七，第 2555 页。
② 何宁撰《淮南子集解·齐俗训》，中华书局，1998，卷十一，第 772~773 页。
③ 王先慎：《韩非子集解·二柄》，中华书局，1998，卷二，第 39 页。
④ 王先慎：《韩非子集解·八经》，中华书局，1998，卷十八，第 430~431 页。
⑤ 陈鼓应：《老子注译及评介》，中华书局，1984，第 136 页。
⑥ 陈鼓应：《老子注译及评介》，第 134 页。

李斯上书秦始皇说："古者天下散乱，莫能相一，是以诸侯并作，语皆道古以害今，饰虚言以乱实，人善其所私学，以非上所建立。今陛下并有天下，别白黑而定一尊；而私学乃相与非法教之制，闻令下，即各以其私学议之，入则心非，出则巷议，非主以为名，异趣以为高，率群下以造谤。如此不禁，则主势降乎上，党与成乎下。禁之便。臣请诸有文学《诗》《书》百家语者，蠲除去之。"① 使"有欲学者，以吏为师"，秦始皇采纳他的建议，"收去诗书百家之语以愚百姓，使天下无以古非今"②。用一家思想，亦即法家思想来禁锢并统一臣民的思想，剥夺百姓参与政治的权利，就是法家"愚民"的本质。

第四，黄老道家和法家都反对"仁义"政治。黄老否定仁义，只是认为仁义政治不如"道德"政治。黄老认为比仁义政治更糟的是使民"畏之""侮之"的法家政治。《老子》第三十八章说："失道而后德，失德而后仁，失仁而后义，失义而后礼。夫礼者，忠信之薄而乱之首。"③《老子》第十七章说："太上，不知有之；其次，亲而誉之；其次，畏之；其次，侮之。"④ 可见，尽管黄老对仁义政治不满意，但还是承认仁义政治高于法治政治，而不是一味地否定仁义政治。又如《庄子·天道》说：

　　古之明大道者，先明天而道德次之，道德已明而仁义次之，仁义已明而分守次之，分守已明而形名次之，形名已明而因任次之，因任已明而原省次之，原省已明而是非次之，是非已明而赏罚次之，赏罚已明而愚知处宜。贵贱履位，仁贤不肖

① 《史记·李斯列传》，卷八十七，第2546页。
② 《史记·李斯列传》，卷八十七，第2546页。
③ 陈鼓应：《老子注译及评介》，中华书局，1984，第212页。
④ 陈鼓应：《老子注译及评介》，第130页。

袭情，必分其能，必由其名。以此事上，以此畜下，以此治物，以此修身，知谋不用，必归其天，此之谓大平，治之至也。故书曰："有形有名。"形名者，古人有之，而非所以先也。古之谓大道者，五变而形名可举，九变而赏罚可言也。骤而语形名，不知其本也；骤而语赏罚，不知其始也。①

这段话说明了治道的不同层次和它们之间的传承关系，即由"天"而"道德"，由"道德"而"仁义"，由"仁义"而"分守"，由"分守"而"形名"，由"形名"而"因任"，由"因任"而"原省"，由"原省"而"是非"，由"是非"而"赏罚"，由"赏罚"而"愚知"。法家则从根本上反对仁义政治，彻底否定仁义在教化人向善方面的功用。法家认为一切人与人之间的关系都是利害关系，君臣关系也不例外，"臣尽死力以与君市，君垂爵禄以与臣市"②。李斯的观点与韩非子一致，他说："夫以人徇己，则己贵而人贱；以己徇人，则己贱而人贵。故徇人者贱，而人所徇者贵，自古及今，未有不然者也。"③任何时候人与人之间的关系都是对立关系，《韩非子·扬权》说："上下一日百战。"④所以，韩非子说，"有道之主，远仁义"⑤，"君通于不仁，臣通于不忠，则可以王矣"⑥，又说，治国"不乘必胜之势，而务行仁义则可以王。是求人主之必及仲尼，而以世之凡民皆如列徒，此必不得之数也"⑦。韩非子认为君主与臣民之间，完全是一种对立的利害关系，这里不

---

① 郭庆藩撰《庄子集释》，中华书局，1961，第471页。
② 王先慎：《韩非子集解·难一》，中华书局，1998，第352页。
③ 《史记·李斯列传》，卷八十七，第2555页。
④ 王先慎：《韩非子集解·扬权》，中华书局，1998，第51页。
⑤ 王先慎：《韩非子集解·说疑》，中华书局，1998，第400页。
⑥ 王先慎：《韩非子集解·外储说右下》，中华书局，1998，第330页。
⑦ 王先慎：《韩非子集解·五蠹》，中华书局，1998，第447页。

存在什么君不仁，臣不忠的问题，相反不仁不义倒是王霸天下的有力保证：

> 法之为道，前苦而长利；仁之为道，偷乐而后穷。圣人权其轻重，出其大利，故用法之相忍，而弃仁人之相怜也。学者之言，皆曰轻刑，此乱亡之术也。凡赏罚之必者，劝禁也。赏厚则所欲之得也疾，罚重则所恶之禁也急。夫欲利者必恶害，害者利之反也，反于所欲，焉得无恶。欲治者必恶乱，乱者治之反也。[①]

基于这样的认识，韩非子主张治国不能用仁义，而要推行严刑峻法，他说：

> 圣人之治民，度于本，不从其欲，期于利民而已。故其与之刑，非所以恶民，爱之本也。刑胜而民静，赏繁而奸生，故治民者，刑胜治之首也，赏繁乱之本也。夫民之性，喜其乱而不亲其法。故明主之治国也，明赏则民劝功，严刑则民亲法。[②]

李斯作为一个法家政治的积极推行者和实践者，他对法家政治有一段精辟的概述，现摘引如下：

> 故韩子曰："慈母有败子而严家无格虏"者，何也？则能罚之加焉必也。故商君之法，刑弃灰于道者。夫弃灰，薄罪

① 王先慎：《韩非子集解·六反》，中华书局，1998，第419页。
② 王先慎：《韩非子集解·心度》，中华书局，1998，第474页。

也，而被刑，重罚也。彼唯明主为能深督轻罪。夫罪轻且督深，而况有重罪乎？故民不敢犯也。是故韩子曰"布帛寻常，庸人不释，铄金百镒，盗跖不搏"者，非庸人之心重，寻常之利深，而盗跖之欲浅也；又不以盗跖之行，为轻百镒之重也。搏必随手刑，则盗跖不搏百镒；而罚不必行也，则庸人不释寻常。……明主圣王之所以能久处尊位，长执重势，而独擅天下之利者，非有异道也，能独断而审督责，必深罚，故天下不敢犯也。今不务所以不犯，而事慈母之所以败子也，则亦不察于圣人之论矣。夫不能行圣人之术，则舍为天下役何事哉？可不哀邪！且夫俭节仁义之人立于朝，则荒肆之乐辍矣；谏说论理之臣间于侧，则流漫之志诎矣；烈士死节之行显于世，则淫康之虞废矣。故明主能外此三者，而独操主术以制听从之臣，而修其明法，故身尊而势重也。凡贤主者，必将能拂世磨俗，而废其所恶，立其所欲，故生则有尊重之势，死则有贤明之谥也。是以明君独断，故权不在臣也。然后能灭仁义之涂，掩驰说之口，困烈士之行，塞聪掩明，内独视听，故外不可倾以仁义烈士之行，而内不可夺以谏说忿争之辩。故能荦然独行恣睢之心而莫之敢逆。若此然后可谓能明申、韩之术，而修商君之法。法修术明而天下乱者，未之闻也。故曰"王道约而易操"也。唯明主为能行之。若此则谓督责之诚则臣无邪，臣无邪则天下安，天下安则主严尊，主严尊则督责必，督责必则所求得，所求得则国家富，国家富则君乐丰。故督责之术设，则所欲无不得矣。群臣百姓救过不给，何变之敢图？若此则帝道备，而可谓能明君臣之术矣。虽申、韩复生，不能加也。①

---

① 《史记·李斯列传》，卷八十七，第 2554~2557 页。

司马迁在《李斯列传》中征引李斯的这篇奏疏，说明了他认同李斯对以韩非子为代表的法家学说的理解。这段引文之后，司马迁又写到："书奏，二世悦。于是行督责益严，税民深者为明吏。二世曰：'若此则可谓能督责矣。'刑者相半于道，而死人日成积于市。杀人众者为忠臣。二世曰：'若此则可谓能督责矣。'"① 这里司马迁两次征引秦二世"若此则可谓能督责矣"的话，并叙说了"督责"之术造成的灾难性后果，反映出司马迁对法家政治的清醒认识和不以为然。

综上所述，黄老政治思想和法家政治思想存在本质的区别，黄老追求的是"不知有之"的道德政治；法家追求的是"畏之""侮之"的法家政治。从司马迁对法家的认识和态度可知，司马迁虽然认为法家思想源于黄老思想，但他所说的黄老思想却并不具有法家思想成分。

---

① 《史记·李斯列传》，卷八十七，第 2557 页。

第四章

"一家之言"的德治思想

孔子宣扬"为政以德"的政治理念，他认为理想的君主应该以完美之德行来作民之表率，赢得民心，赢得天下，实现美政。从政治层面看，德治思想是儒家"六艺"宣扬、鼓吹的核心政治理念，后来，儒家坚持并发展了这一政治理念。儒家赞美的古代治世之圣王——尧、舜、禹、汤、文王和武王等，都是具有崇高德行的君主，而被儒家批判、唾弃的古代乱世之君主——桀、纣等，则是无德的君主。"位称其德"不仅是儒家的理想的政治模式，而且也是他们用来判断统治是否合法的依据。武王讨伐商纣王时，就以揭露商纣王的"无德"来肯定纣王统治的非法性，并证明自己讨伐的合法性。对此，王国维曾说："夫商之季世，纪纲之废、道德之隳积矣。……是殷周之兴亡，乃有德与无德之兴亡。"① 有德则兴，无德则亡，是儒家描述的一条社会历史演进的基本线索和规律。司马迁信奉儒家之古史观，因此，他主张以德治国，认同"位称其德"的政治模式。《史记·礼书》开篇"德厚者位尊，禄重者宠荣，所以总一海内而整齐万民也"②，便是司马迁这一思想的反映。

---

① 《王国维文集·殷周制度论》（第四卷），中国文史出版社，1997，第55~56页。
② 《史记·管晏列传》，岳麓书社，2004，第943页。

一 司马迁对武帝"多欲"与重"法"理政思想的反思与批判

（一）"多欲"政治的弊端

汉初，统治者采取省刑薄赋、开关弛禁、与民休息之策，至汉武帝雄心勃勃，推行"多欲"政治，大兴礼乐、开疆拓土，致使国库空虚、民生凋敝，因而不得不起用兴利之臣。《史记·平准书》说：

> 严助、朱买臣等招来东瓯，事两越，江淮之间萧然烦费矣。唐蒙、司马相如开路西南夷，凿山通道千馀里，以广巴蜀，巴蜀之民罢焉。彭吴贾灭朝鲜，置沧海之郡，则燕齐之间靡然发动。及王恢设谋马邑，匈奴绝和亲，侵扰北边，兵连而不解，天下苦其劳，而干戈日滋。行者赍，居者送，中外骚扰而相奉，百姓抏弊以巧法，财赂衰耗而不赡。入物者补官，出货者除罪，选举陵迟，廉耻相冒，武力进用，法严令具。兴利之臣自此始也。[①]

于是，均输平准、盐铁官营、卖官鬻爵、算缗相继兴起。

均输平准

> 弘羊以诸官各自市，相与争，物故腾跃，而天下赋输或不偿其僦费，乃请置大农部丞数十人，分部主郡国，各往往县置均输盐铁官，令远方各以其物贵时商贾所转贩者为赋，而相灌

---

① 《史记·平准书》，岳麓书社，2004，第440页。

输。置平准于京师，都受天下委输。召工官治车诸器，皆仰给大农。大农之诸官尽笼天下之货物，贵即卖之，贱则买之。如此，富商大贾无所牟大利，则反本，而万物不得腾踊。故抑天下物，名曰"平准"。天子以为然，许之。于是天子北至朔方，东到太山，巡海上，并北边以归。所过赏赐，用帛百馀万匹，钱金以巨万计，皆取足大农。①

均输平准本是惠民之策，其政策制定的出发点是好的，但在实施中却弊端丛生。由于大司农握有"指物责贡"的大权，且其"指物责贡"又往往不就其郡之所有，而责其郡之所无，使得郡国贱卖物产，以供大司农所需。这样一来，均输平准就变为奸臣富商与民争利的工具了。司马迁对这一状况表达了自己的不满，他借卜式之口批评桑弘羊说："是岁小旱，上令官求雨，卜式言曰：'县官当食租衣税而已，今弘羊令吏坐市列肆，贩物求利。亨弘羊，天乃雨。'"②

算缗

汉武帝为了充实国库，增强国家财力，以应付连年征战及"多欲"政治的消耗，采用了增加税收的"算缗"之策。

商贾滋众。贫者畜积无有，皆仰县官。异时算轺车贾人缗钱皆有差，请算如故。诸贾人末作贳贷卖买，居邑稽诸物，及商以取利者，虽无市籍，各以其物自占，率缗钱二千而一算。诸作有租及铸，率缗钱四千一算。非吏比者三老、北边骑士，轺车以一算；商贾人轺车二算；船五丈以上一算。匿不自占，

---

① 《史记·平准书》，岳麓书社，2004，第 452 页。
② 《史记·平准书》，岳麓书社，2004，第 453 页。

占不悉，戍边一岁，没入缗钱。有能告者，以其半畀之。贾人有市籍者，及其家属，皆无得籍名田，以便农。敢犯令，没入田僮。①

算缗由自己申报，所以算缗令公布之后，被征收者隐匿财产，不予配合，不得已，便行"告算缗"之令，告发者可得其税之半。于是，告发之风行。

> 杨可告缗遍天下，中家以上大抵皆遇告。……得民财物以亿计，奴婢以千万数，田大县数百顷，小县百馀顷，宅亦如之。于是商贾中家以上大率破，民偷甘食好衣，不事畜藏之产业，而县官有盐铁缗钱之故，用益饶矣。②

可见，算缗令在实施过程中，已演变成与民争利的重敛之策，因此，算缗令行之后，虽然税收增加，国库得以充实，但却造成了民不聊生的社会局面。贫者沦为盗贼；中家以上破产；富者耽于享乐，不事产业：给生产力造成了极大的破坏。

鬻爵

鬻爵之制汉文帝、汉景帝时期已采用，那时入粟者可获得爵位、可免除轻罪。不过，文景帝时鬻爵之策是取有余以补不足，而且入粟得到的爵位只是一种荣誉，不能作为步入仕途的依据。

> 汉遣大将将六将军，军十馀万，击右贤王，获首虏万五千级。明年，大将军将六将军仍再出击胡，得首虏万九千级。捕

---

① 《史记·平准书》，岳麓书社，2004，第445页。
② 《史记·平准书》，岳麓书社，2004，第449页。

斩首虏之士受赐黄金二十馀万斤，虏数万人皆得厚赏，衣食仰给县官；而汉军之士马死者十馀万，兵甲之财转漕之费不与焉。于是大农陈藏钱经耗，赋税既竭，犹不足以奉战士。有司言："天子曰'朕闻五帝之教不相复而治，禹汤之法不同道而王，所由殊路，而建德一也。北边未安，朕甚悼之。日者，大将军攻匈奴，斩首虏万九千级，留蹛无所食。议令民得买爵及赎禁锢免减罪'。请置赏官，命曰武功爵。级十七万，凡直三十馀万金。诸买武功爵官首者试补吏，先除；千夫如五大夫；其有罪又减二等；爵得至乐卿：以显军功。"军功多用越等，大者封侯卿大夫，小者郎吏。吏道杂而多端，则官职耗废。①

可见，汉武帝鬻爵不像文景那样取有余以补不足，而是由于连年征战，兵甲、转运之需、赏赐之财，耗费甚巨，致使国库空虚，不得已而采取的政策。并且鬻爵所得之吏还可优先得以选用，爵位至千大夫者，就可免除徭役，有罪可减二等。买爵可以步入仕途做官，使得官道杂乱；买爵可以免除一切罪责，使得社会风气败坏。钱大昕精辟地分析了武帝与文景帝鬻爵的不同，他说："文帝用晁错之言，令民入粟拜爵，此卖爵非卖官也。……爵虽高，初无职事，非有治民之责也。……错虽言利，犹不妨吏道矣。孝武用兵，府库益虚，乃有入羊为郎之例，后置武功爵，爵至官首者，得试吏先除，虽买爵亦得入仕，盖祖晁错之意，而失之者也。"②

盐铁官营

汉武帝时，山东遭受大水灾，饥民七十多万，国家财力无法供给，汉武帝便任命大盐商咸阳和大冶炼商孔仅两人为大农丞，掌

---

① 《史记·平准书》，岳麓书社，2004，第440～441页。
② 钱大昕：《二十二史考异·卷三》，江苏古籍出版社，1997。

管、垄断盐铁之事。他俩上奏武帝说:

> "山海,天地之藏也,皆宜属少府,陛下不私,以属大农
> 佐赋。愿募民自给费,因官器作煮盐,官与牢盆。浮食奇民欲
> 擅管山海之货,以致富羡,役利细民。其沮事之议,不可胜
> 听。敢私铸铁器煮盐者,钛左趾,没入其器物。郡不出铁者,
> 置小铁官,便属在所县。"使孔仅、东郭咸阳乘传举行天下盐
> 铁,作官府,除故盐铁家富者为吏。吏道益杂,不选,而多贾
> 人矣。[①]

盐铁垄断专营是武帝推行的又一项与民争利之策,这一政策的实施
使得"家富者为吏",而吏"多贾人""吏道益杂"极大地败坏了
官场风气。

以上政策都是由于汉武帝推行"多欲""有为"方略而衍生出
来的,尽管这些政策在一定程度上缓解了紧张的国家财力,但是这
一矛盾始终没能得到根本解决。令人意想不到的是,这些政策的实
施使得民不聊生、吏治黑暗、奸宄弄法、社会失范,加剧了社会矛
盾。对此,司马迁深为忧虑,并给予了批评。

(二) 重"法"政治的弊端

《史记·酷吏列传》开篇引孔子的话说:"导之以政,齐之以
刑,民免而无耻。导之以德,齐之以礼,有耻且格。"[②]《史记·循
吏列传》开篇太史公曰:"法令所以导民也,刑罚所以禁奸也。文
武不备,良民惧然身修者,官未曾乱也。奉职循理,亦可以为治,

---

① 《史记·平准书》,岳麓书社,2004,第445页。
② 《史记·酷吏列传》,岳麓书社,2004,第1654页。

何必威严哉?"① 司马迁对法家人物多持负面评价:申子、韩非子"极惨礉少恩";商鞅"天资刻薄人也";晁错"为人陗直刻深""别疏人骨肉"。在现实政治中,酷吏便是法家思想的化身与忠实执行者。

汉武帝重用酷吏的原因

汉初,民不聊生、百废待兴,"时大城名都民人散亡。户口可得而数裁十二三"。鉴于此,汉王朝在"黄老"无为理政思想的指导下,实行了休养生息政策。由于战国时期已经出现了关中、三河、巴蜀等经济较为发达的地区,并由此而形成了一些著名的都市,到西汉时又赶上不干预的无为政治,因此,便出现了"富商大贾周流天下,天下之物莫不交通"的局面。当时的商人,按照以末致财,以本守之的原则,用各自的经营方式,相继转化为地主、商人和高利贷者。这些经济实力雄厚的商人"因其富厚,交通王侯,力过吏势,以利相倾,千里游敖。冠盖相望,乘坚策肥,履丝曳缟。此商人所以兼并农人。农人所以流亡者也"。② 重商轻农、舍本逐末的风气也由此形成。当时的进步思想家曾批判说:"今背本趋末,食者甚众。是天下之大残也。"针对这种严重局面,汉王朝虽一再明令限制商人,但收效甚微。

汉武帝是具雄才伟略却也好大喜功、黩武嗜杀的封建帝王。他在位五十年间,开疆拓土建立不朽功业,同时,随意发动战争,任意制造大规模冤案,用严刑酷法维护统治,耗尽了"文景之治"四十多年来的社会财富,导致国家动荡不安,人民饱受苦难,"海内虚耗,户口减半"。司马光在《资治通鉴》中总结道:"孝武穷奢极欲,繁刑重敛,内侈宫室,外事四夷,信惑神怪,巡游无度,

---

① 《史记·循吏列传》,岳麓书社,2004,第 1628 页。
② 参见张晋藩《中国法制史》,中国政法大学出版社,2002,第 101 页。

使百姓疲敝，起为盗贼，其所以异于秦始皇者无几矣。"①

这反映了当时社会矛盾的尖锐复杂，经过七十余年黄老"无为之治"之后，随着社会经济的恢复与发展，武帝统治时期，豪强崛起，这些豪强大族武断乡里，欺凌百姓，其与封建王朝之间的矛盾日益加剧，严重影响社会稳定。同时，诸侯与大臣恃强，诸侯王在汉初黄老无为政策的影响下，根据王朝所颁布的相关法令，自由发展，形成尾大不掉的局面，贾谊曾描绘同姓诸侯王之势为"一胫之大几如腰，一指之大几如股"，这对中央集权构成了严重的威胁。

治沉疴需用猛药，酷吏的出现已不可避免，正如司马迁所说："非武健严酷，恶能胜其任而愉快乎！"事实上也是这样，张汤、赵禹等酷吏们的行为，清楚地诠释了他们对王朝政令执行的坚定。王温舒为河内太守时，"捕郡中豪猾，郡中豪猾相联坐千余家。上书请，大者至族，小者乃死"②，就是很好的例子。酷吏被重用，揭示了汉武帝倚重申韩法术治国理政的本质。

汉武帝重用酷吏，打击豪强，抑制商贾，惩治贵戚污吏，以加强中央集权，聚敛财富，应付其"多欲"政治和连年征战的需要。汉武帝这样做，其结果虽然在一定程度上强化了皇权，巩固了统治，但是酷吏的严刑峻法和残酷杀戮，也使各阶层的人们，特别是普通百姓遭受了灾难。屠杀无辜，制造冤狱，使得人人恐惧、社会不宁，出现了"法令滋章，盗贼多有""吏民益轻犯法，盗贼滋起"的局面。

酷吏的代表人物张汤

《史记·酷吏列传》记载了西汉十一名酷吏，其中有十名属于

---

① 参见武树臣《中国法律思想史》，法律出版社，2004，第198页。
② 《史记·酷吏列传》，岳麓书社，2004，第1667页。

武帝统治时期，即宁成、周阳由、赵禹、张汤、义纵、王温舒、尹齐、杨仆、减宣和杜周。下面以张汤为例，剖析一下酷吏的所作所为及其危害。

作为酷吏代表人物的张汤，虽然未接受系统的教育，但他熟知法律事宜，谙熟实用主义学说，是皇帝旨意的忠实执行者与皇帝利益坚定维护者。张汤理政，严刑峻法，以维护最高统治者的地位与利益为目的。他的执政理念与推行无为政治、宽厚待民的循吏大不一样。

张汤从小学习狱律，其亲死后，他继承父职为长安吏。张汤"为人多诈，舞智以御人"。汲黯对张汤的个人品性与执事方式及其危害，有深刻而透彻的分析，他对李息忠说："黯弃居郡，不得与朝廷议也。然御史大夫张汤智足以拒谏，诈足以饰非，务巧佞之语，辩数之辞，非肯正为天下言，专阿主意。主意所不欲，因而毁之；主意所欲，因而誉之。好兴事，舞文法，内怀诈以御主心，外挟贼吏以为威重。公列九卿，不早言之，公与之俱受其僇矣。"①

根据汉武帝的旨意与现实需要，张汤与赵禹共同修订国家律令，本着"务在深文，拘守职之吏"的目的，恢复了汉初废除的连坐法、族诛法、妖言诽谤罪等。这破坏了汉初以来宽厚立法的精神，使得汉法令日趋严酷苛密。张汤决狱往往是"所治，即上意所欲罪，予监史深祸者；即上意所欲释，与监史轻平者……治狱所排大臣自为功"②。也就是说，张汤以汉武帝的旨意为断案依据。凡是武帝厌弃的，就加重刑罚；凡是武帝喜欢的，就寻找借口为其开脱；凡是武帝不关心而又与自己有仇隙的，就毫不留情，苛察深究。在维护皇权的幌子下公报私仇，捞取政绩。

---

① 《史记·汲郑列传》，岳麓书社，2004，第1638页。
② 《史记·酷吏列传》，岳麓书社，2004，第1659页。

汉武帝为加强大一统专制统治，一度推崇董仲舒所改造的儒家学说。张汤投其所好，一面上书请求选派儒家博士为廷尉史，辅助自己办案，一面多次就重大案件代表天子及官方前去咨询已退隐的董仲舒，以董仲舒的意见为判案的重要依据。从此，开启了狱吏断案，附会古人之义，以应皇帝旨意，言必六经"公羊"的风气。史称为"春秋决狱"，促进了法律的儒家经典化。

淮南王刘安、衡山王刘赐谋反，事败自杀。张汤主办这一大案，他揣摩武帝意志，穷追狠治，乘机铲除宿怨，"凡淮南、衡山二狱，所连引列侯、二千石、豪杰等，死者数万人"。张汤还制造了冤狱"腹诽案"。以廉直闻名，任九卿之一的大农令颜异，因对张汤以一张白鹿皮置换四十万钱的经济法案持有异议，得罪了汉武帝。张汤便借口说颜异曾在下属批评朝政时"不应，微反唇"，上告其"不入言而腹诽，论死"。① 得到武帝首肯后，颜异即被处死。这一冤案造成的直接恶果就是专制皇权势力变得恐怖，官民人人惊惧，"自是之后，有腹诽之法比，而公卿大多诐谀取容矣"②，连"腹诽"都能定罪名，官吏只得诐颜迎合，以求保身。

在社会改革治理方面，张汤不听众议、不计后果。由于汉与匈奴间连年战争，导致国库空虚，民不聊生。为解决财政危机，武帝令张汤主管经济改革，负责制造白金货币和五铢钱，实施盐铁专卖法令，他到处张贴缉拿令，严刑打击豪强富贾，严酷压迫弱势平民，"自造白金、五铢钱后，吏民之坐盗铸金钱死者数十万人。犯者众，吏不能尽诛"③，以致民怨沸腾，怨声载道，"自公卿以下，至于庶人，咸指汤"④。严刑酷法，虽然打击了不法豪强，但是也

---

① 《史记·平准书》，岳麓书社，2004，第449页。
② 《史记·平准书》，岳麓书社，2004，第449页。
③ 《史记·酷吏列传》，岳麓书社，2004，第1659页。
④ 《史记·酷吏列传》，岳麓书社，2004，第1659页。

伤害了普通百姓，造成了严重的社会损害及政治危机。

张汤之后，酷吏的行事，有过之而无不及。司马迁说，张汤虽"深刻"，然相比之下"其治尚宽，辅法而行"，还能"知阴阳，人主与俱上下，时数辩当否，国家赖其便"。"自张汤死后，网密，多诋严，官事寖以耗废，九卿碌碌奉其官，救过不赡，何暇论绳墨之外乎!"①上有所好，下必甚焉，其后，酷吏日多，酷政日盛。酷吏义纵为官"诛杀甚多"，被形容为"鹰击毛挚"。他初任定襄太守，下马立威，把定襄狱中的犯人二百余人，以及私自探监的二百余人，一并审讯，全部斩首。一天之内，杀了近五百人。②河内太守、酷吏王温舒上任伊始，便逮捕惩治豪强，连坐一千余家，有的处死，有的灭族。行刑之日，"流血十馀里"，使得全郡"不寒而栗"③。酷吏宁成任济南都尉治理百姓"如狼牧羊"。他任关东尉期间，关东人无不惊恐，当地有"宁见乳虎，无值宁成之怒"的说法。④王酷吏温舒为官，心狠手辣。他雇用地痞流氓作为爪牙，掌握他们的隐秘，操纵他们为其效力。如果谁松懈怠慢，就揭出其旧事，法办诛杀。他的这些爪牙，被描述为"吏虎而冠"者。他还雇用社会闲散人员监视民众。王温舒杀人之后，百姓数月不敢出声，没有人敢夜晚出行，甚至连狗都不敢叫。⑤

由于刑法繁密驳杂，郡国治狱时难以依法断案，常有罪行相同而判决结果不一样的事情发生，加之官吏舞文弄法，罗织罪状，由此而冤死的人，不可胜数。《汉书·刑法志》记载："（张汤死）其后奸猾巧法，转相比况，禁网寖密。律令凡三百五十九章，大辟四

①　《史记·酷吏列传》，岳麓书社，2004，第1673页。
②　《史记·酷吏列传》，岳麓书社，2004，第1665页。
③　《史记·酷吏列传》，岳麓书社，2004，第1668~1669页。
④　《史记·酷吏列传》，岳麓书社，2004，第1665~1666页。
⑤　《史记·酷吏列传》，岳麓书社，2004，第1667~1668页。

百九条、千八百八十二章，死罪决事比万三千四百七十二事。文书盈于几阁，典者不能遍睹。"① 用酷吏和刑法来加强专制皇权，势必会激化社会矛盾。繁密的刑法与独尊儒术，都是在汉武帝时期出现的，这说明汉武帝的统治具有外儒内法的性质。所以汉宣帝刘询说，汉家制度，是王道（儒）和霸道（法）杂而用之。

酷吏当政，除了毒害了政治伦理，也摧毁了社会的优良治理秩序。虽然酷吏的铁腕可以收到一时之效，能使社会出现短暂的、表象化的安定局面，但政治高压一过，社会便会溃崩。《酷吏列传》说，自王温舒以严酷手段治政之后，郡守、都尉、诸侯等大都效法王温舒，但结果是"吏民益轻犯法，盗贼滋起"②。如此看来，太史公在《酷吏列传》开篇引用孔子"导之以政，齐之以刑，民免而无耻；导之以德，齐之以礼，有耻且格"之语，是有其深刻用意的。

二 从西汉传播语境看司马迁对"德"的理解

据李晓光和李波主编的《史记索引》统计，在《史记》中，"德"共出现 678 次。分析"德"这个概念，对我们认识司马迁的政治思想是很有帮助的。下面拟把司马迁对"德"的理解置于西汉传播语境中进行分析。

在西汉前期的传播语境中，"德"是一个十分重要的概念，陆贾有《新语·至德》，贾谊有《新书·道德说》，董仲舒有《春秋繁露·观德》等专文论述"德"。大体说来，在西汉前期的语境中，学者对"德"的内涵主要存在着两种不同的理解与阐释，一

① 王先谦：《汉书补注·司马迁列传》，书目文献出版社，1995，第 482 页。
② 《史记·酷吏列传》，岳麓书社，2004，第 1669 页。

种理解属于道家思想范围，一种属于儒家思想范围。

先以刘安为例，分析道家思想者对"德"的理解。刘安主持编写了《淮南子》，书中对"德"的阐释，虽然也杂糅一些儒家的思想，但其基本思想还是属于道家的。他说：

> 鬼出电入，龙兴鸾集，钧旋毂转，周而复币。已雕已琢，还反于朴。无为为之而合于道，无为言之而通乎德，恬愉无矜而得于和，有万不同而便于性。①

> 禹知天下之叛也，乃坏城平池，散财物，焚甲兵，施之以德，海外宾伏，四夷纳职，合诸侯于涂山，执玉帛者万国。故机械之心藏于胸中，则纯白不粹，神德不全。②

> 夫悲乐者德之邪也，而喜怒者道之过也，好憎者心之累也。故曰其生也天行，其死也物化，静则与阴俱闭，动则与阳俱开。精神澹然无极，不与物散，而天下自服。故心者形之主也，而神者心之宝也。形劳而不休则蹶，精用而不已则竭，是故圣人贵而尊之，不敢越也。夫有夏后氏之璜者，匣匮而藏之，宝之至也。夫精神之可宝也，非直夏后氏之璜也。是故圣人以无应有，必究其理；以虚受实，必穷其节；恬愉虚静，以终其命。是故无所甚疏，而无所甚亲。抱德炀和，以顺于天。与道为际，与德为邻……③

> 率性而行谓之道，得其天性谓之德。性失然后贵仁，道失然后贵义。是故仁义立而道德迁矣，礼乐饰则纯朴散矣，是非形则百姓眩矣，珠玉尊则天下争矣：凡此四者，衰世之造也，

---

① 何宁撰《淮南子集释·原道训》，中华书局，1998，卷一，第6~7页。
② 何宁撰《淮南子集释·原道训》，中华书局，1998，卷一，第30页。
③ 何宁撰《淮南子集释·精神训》，中华书局，1998，卷七，第519~520页。

末世之用也。①

这里刘安肯定了"德"源于"道"。刘安认为"德"是得"道"之"天性"的结果，而人的天性又是淳朴好静的，所以，他认为有"德"之人应该是归于"澹然无极"的得道者。他还认为有德之人，应该抛弃一切人为的东西，任天下万物自然发展，只有这样，人才能真正做到"与道为际，与德为邻"。所以，他说，"上世体道而不德，中世守德而弗坏也，末世绳绳乎唯恐失仁义"②，在刘安的思想里，世界是每况愈下的，他认为"为政以德"并不是最好的政治理念，这是由于持仁义之世不如守德之世，守德之世不如体道之世。基于此，刘安认为"仁义"与"德"不仅是不相容的，而且"仁义"对"德"还有破坏作用，"故道散而为德，德溢而为仁义，仁义立而道德废矣"③。

下面分析西汉儒家思想者对"德"的阐释。先看贾谊，贾谊认为，"道"是无形的，"德"脱胎于"道"而有形，《道德说》说："道者无形，平和而神。……德者，离无而之有……"④ 又说：

> 物所道始谓之道，所得以生谓之德。德之有也，以道为本，故曰"道者，德之本也"。德生物又养物，则物安利矣；安利物者，仁行也。仁行出于德，故曰"仁者，德之出也"。德生理，理立则有宜，适之谓义。义者，理也，故曰"义者，德之理也"。德生物，又养长之而弗离也，得以安利。德之遇物也忠厚，故曰"忠者，德之厚也"。德之忠厚也，信固而不

① 何宁撰《淮南子集释·齐俗训》，中华书局，1998，卷十一，第759页。
② 何宁撰《淮南子集释·缪称训》，中华书局，1998，卷十，第706页。
③ 何宁撰《淮南子集释·俶真训》，中华书局，1998，卷二，第125页。
④ 贾谊：《贾谊集·道德说》，上海人民出版社，1976，第144页。

易，此德之常也，故曰"信者，德之固也"。德生于道而有理，守理则合于道，与道理密而弗离也，故能畜物养物。物莫不仰恃德，此德之高，故曰"密者，德之高也"。道而勿失，则有道矣；得而守之，则有德矣；行有无休，则行成矣。故曰"道此之谓道，德此之谓德，行此之谓行"。①

贾谊认为，"道"是"德"之本，"德"受"道"之本而生，然后"德"又生成万物、养育万物；同时，"德"又蕴涵于万物之中。换而言之，"德"是有形之"万物"与无形之"道"的联系者，它秉受于"道"而生成有形之万物，与此同时，"德"又把"道"授予自己的品质，包括仁、义、忠、信、理等，赋予了有形的"万物"。贾谊虽然与刘安一样，认为"德"源于"道"，但他却赋予"德"以儒家的内涵与品质。贾谊还特别强调后天的"行"，即践行"德"的作用和意义："……行有无休，则行成矣。故曰'道此之谓道，德此之谓德，行此之谓行'。"②他又说：

德有六美。何谓六美？有道、有仁、有义、有忠、有信、有密，此六者德之美也。道者，德之本也；仁者，德之出也；义者，德之理也；忠者，德之厚也；信者，德之固也；密者，德之高也。

六理、六美，德之所以生阴阳、天地、人与万物也，固为所生者法也。故曰：道此之谓道，德此之谓德，行此之谓行。所谓行此者，德也。是故著此竹帛谓之《书》，《书》者，此之著者也；《诗》者，此之志者也；《易》者，此之占者也；

---

① 贾谊：《贾谊集·道德说》，上海人民出版社，1976，第145~146页。
② 贾谊：《贾谊集·道德说》，上海人民出版社，1976，第146页。

《春秋》者，此之纪者也；《礼》者，此之体者也；《乐》者，此之乐者也；祭祀鬼神，为此福者也；博学辩议，为此辞者也。①

贾谊认为，既然一切有形之物都生于"德"，"德"所具有的"六理"（仁、义、忠、信、理、行）和"六美"（道、仁、义、忠、信、密），自然就成了万物的"法"了，所谓"六理、六美，德之所以生阴阳、天地、人与万物也，固为所生者法也"。贾谊又进一步指出，"六艺"，即《书》《诗》《易》《春秋》《礼》和《乐》，这六部经典是记载和传播"德"之"六理""六美"的，因此，"六艺"应该成为人们思想、行动的准则和指南。

给"德"赋予儒家思想的内涵与品质，并力主践行之的还有《马王堆汉墓帛书·五行》的作者。《马王堆汉墓帛书·五行》第一章经中说：

德之行五和，胃（谓）之德。……德，天道也。②
〔仁〕形〔于内〕，胃（谓）之德之行。……知形于内，胃（谓）之德之行。……〔义形〕于内，胃（谓）之德之行。……礼形于内，胃（谓）之德之行。……圣形于内，胃（谓）之德之行。……德，天道也。③

这就是说"德"是由仁、知、义、礼、圣这五种人的内在品性相互融合而形成的，而且一旦达到了这种境界，也就符合了天道，"德犹天也，天乃德"（《五行》第七章经），这便又使"德"增添

---

① 贾谊：《贾谊集·道德说》，上海人民出版社，1976，第143~144页。
② 池田知久：《马王堆汉墓帛书·五行研究》，中华书局，2006，第84页。
③ 池田知久：《马王堆汉墓帛书·五行研究》，中华书局，2006，第74页。

了神圣的特点。《五行》第八章经说：

> 君子之为善也，有与始也，有与终也；君子之为德也，有
> 与始也，无与终也。①

又说：

> 君子之为善也，有与始也，有与终也，言与亓体始，与亓
> 体终也。君子之为德也，有与始也，无［与终也，有与始者，
> 言］与亓体始，与亓体始。无与终者，言亓体而独亓心也。②
> ［所行，所安］，天道也。（《五行》第十八章经）③

该书作者认为"德"高于"善"："善"会随着个体生命的逝去而终结，是有限的；但"德"却不会随个体生命的消亡而泯灭，它可以超越个人有限的生命而长存不灭。这就给"德"赋予了能超越有限生命之价值的内涵与意义。

当然，宣扬儒家道德最积极的当属董仲舒。董仲舒对儒家思想的阐释，最具特色的地方就是把仁、义、礼、智、信配五行，即木仁、火智、土信、金义、水礼，这就给本来具有浓厚人文特色的儒家德性观披上了一层神秘的外衣。

上面简要分析了西汉前期思想者对"德"之内涵的理解和阐释，下面分析司马迁对"德"的理解和阐释。司马迁没有对"德"的本源作形而上的探讨，与刘安和贾谊等人相比，他似乎更关注"德"的实用意义。这一点，司马迁与孔子相近。我们知道，

---

① 池田知久：《马王堆汉墓帛书·五行研究》，中华书局，2006，第 88 页。
② 池田知久：《马王堆汉墓帛书·五行研究》，中华书局，2006，第 88 页。
③ 池田知久：《马王堆汉墓帛书·五行研究》，中华书局，2006，第 96 页。

宣扬德治是孔子纂修"六艺"的目的之一。司马迁认识到了这一点，而且，他对孔子称说的"德"也是认可的。司马迁立意效仿孔子著《春秋》的精神撰写《史记》，因此，他基本上是沿着孔子的思路，从实际效用的角度来理解和阐释"德"的。《夏本纪》说：

> 皋陶曰："然，于！亦行有九德，亦言其有德。"乃言曰："始事事，宽而栗，柔而立，愿而共，治而敬，扰而毅，直而温，简而廉，刚而实，强而义，章其有常，吉哉。日宣三德，蚤夜翊明有家。日严振敬六德，亮采有国。翕受普施，九德咸事，俊乂在官，百吏肃谨。毋教邪淫奇谋。非其人居其官，是谓乱天事。天讨有罪，五刑五用哉。吾言底可行乎？"①

这里的"九德"说源于《尚书·尧典》。宽而栗，柔而立，愿而共，治而敬，扰而毅，直而温，简而廉，刚而实，强而义九种德行，具有明显的相反相成性，符合儒家的中庸思想。它要求为政者自身很好地协调这些德性，并在处理政事中恰当地运用。这里"德"具有很强的实践性和实用性。在政事实践中，为政者能具有并能较好地运用这九种"德"中的全部或部分，便能胜任不同的官职；相应地，他也能在处理政事中取得不同的成绩：这与儒家所倡导的"德位合一""位称其德"思想相一致。又如："三德：一曰正直，二曰刚克，三曰柔克。平康正直，强不友刚克，内友柔克，沈渐刚克，高明柔克"②，"三德"更强调在政事运用中的针对性和实效性，为政者可以根据实际情况，有选择地运用"正"

---

① 《史记·夏本纪》，卷二，第 77 页。
② 《史记·宋微子世家》，卷三十八，第 1616 页。

"刚"或"柔",而不必做到中庸和谐。又如：

> 淮南、衡山谋反，治党与方急。弘病甚，自以为无功而封，位至丞相……乃上书曰："臣闻天下之通道五，所以行之者三。曰君臣，父子，兄弟，夫妇，长幼之序，此五者天下之通道也。智，仁，勇，此三者天下之通德，所以行之者也。故曰'力行近乎仁，好问近乎智，知耻近乎勇'。知此三者，则知所以自治；知所以自治，然后知所以治人。天下未有不能自治而能治人者也，此百世不易之道也。"①

智、仁、勇为"天下之通德"，意思是说这三种德性具有普遍的意义。这三种德性既可以用来"自治"，又可以用来"治人"。与此意思相近的还有：

> （南宫括）问孔子曰："羿善射，奡荡舟，俱不得其死然；禹稷躬稼而有天下？"孔子弗答。容出，孔子曰："君子哉若人！上德哉若人！""国有道，不废；国无道，免于刑戮。"②

这里南宫括问治理国家用"技"与"力"，为何不如用"德"。孔子之所以称赞南宫括是"君子"，是"上德"之人，是因为孔子认为，一个人如果意识到了"德"的长处，便不仅可以保身，更重要的是，这种人在天下太平时可以充分发挥自己的才能，做出一番事业。

可贵的是，司马迁在继承孔子对"德"的理解的基础上，又

---

① 《史记·平津侯主父列传》，卷一百一十二，第2952页。
② 《史记·仲尼弟子列传》，卷六十七，第2209页。

有所发展。司马迁思想中的"德"具有一定的开放性和包容性：

> 《春秋》推见至隐，《易》本隐之以显，《大雅》言王公
> 大人而德逮黎庶，《小雅》讥小己之得失，其流及上。所以言
> 虽外殊，其合德一也。[①]

司马迁认为，个人表达自己观点的方法可以不同，但只要有关人生、政事，就是"合德"的。

综上所述，西汉前期对"德"之内涵的阐释，明显存在或倾向于道家，或倾向儒家这两种不同的理解，但却无一例外地把"德"与政治联系起来，并且都认为有"德"对为政者有着十分重要的意义。从西汉建立起，一些思想者就一直在阐释并宣扬儒家思想中的以"仁义"为核心内容的"德"，但西汉前期所宣扬的"德"与先秦儒家的"德"还是存在区别的，它掺杂了一些神秘的因素，如关于"德"的来源问题，《五行》的作者认为"德"源于"天"，贾谊认为"德"生于无形的"道"，董仲舒则把"德"与阴阳五行相配。司马迁没有探讨"德"的来源问题，他似乎更注重"德"在现实政治方面的意义，也正是由于这个原因，所以，《史记》也缺少了那种对"德"进行纯理论阐释所具有的哲学意蕴。

三 司马迁之德治思想的内涵和特点

从汉初到汉武帝统治时期，信奉儒家学说的士人就一直鼓吹以德治国的理念。从现存的文献看，这期间比较知名的儒者有申公、

[①] 《史记·司马相如列传》，卷一百一十七，第 3073 页。

韩婴、陆贾、贾谊、张生、欧阳生、辕固生、董仲舒、胡毋生、田王孙、高堂生、公孙弘等。尽管他们中多数人算不上纯儒，但他们在倡导儒家以德治国的理念中，都发挥了积极的作用。被称为汉代儒学第一人的陆贾，就明确提出统治者要行德治、法先王的治国理念。他论天下成败兴亡之理的著作《新语》，主要宣扬的就是儒家以德治国的政治理念。他在《新语·道基》中说，"君子握道而治，据德而行，席仁而坐，杖义而强"①，"故虐行则怨积，德布则功兴，百姓以德附，骨肉以仁亲，夫妇以义合，朋友以义信，君臣以义序，百官以义承。"② 贾谊也是儒家德治理念的忠实宣传者，在《过秦论》中，他把秦灭亡的主要原因归结为"仁义不施"。贾谊认为，皇帝应该是践行"德"的典范："德厚焉，泽湛焉，而后称帝；又加美焉，而后称皇。"③ 因此，在太子的教育问题上，他主张：

> 或称《春秋》，而为之耸善而抑恶，以革劝其心。教之《礼》，使知上下之则。或为之称《诗》，而广道显德，以驯明其志。教之《乐》，以疏其秽，而填其浮气。教之语，使明于上世，而知先王之务明德于民也。教之故志，使知废兴者，而戒惧焉。教之任术，使能纪万官之职任，而知治化之仪。教之训典，使知族类疏戚，而隐比驯焉。此所谓学太子以圣人之德者也。或明惠施以道之忠，明长复以道之信，明度量以道之义，明等级以道之礼，明恭俭以道之孝，明敬戒以道之事，明慈爱以道之仁，明侗雅以道之文，明除害以道之武，明精直以

---

① 陆贾撰《新语·道基》，辽宁教育出版社，1998，第 2 页。
② 陆贾撰《新语·道基》，辽宁教育出版社，1998，第 3 页。
③ 贾谊:《贾谊集·威不信》，上海人民出版社，1976，第 68 页。

道之罚，明正德以道之赏，明斋肃以道之敬。此所谓教太子
也。①

很显然，为了有利于太子将来继承皇位，治理国家，贾谊积极倡导
用儒家的思想教导太子，虽然其中也杂有法家的思想，但其内核还
是儒家思想。到了董仲舒，他在鼓吹儒家的德治思想方面，可以说
是不遗余力了。他的著作《春秋繁露》和他在武帝初年所上的有
名的"天人三策"，就是发挥、宣扬儒家德治思想的典型。再如，
《马王堆汉墓帛书·五行》认为，是否以德为政，关系到国家的兴
亡：

　　　　有德而国家〈兴〉，国家〈兴〉者，言天下之〈兴〉仁
　　义也。(《五行》第十八章经)②

又说：

　　　　文王在尚（上），于昭于天，此之胃（谓）也，言大德备
　　成矣。(《五行》第十八章经)③

这里，"德"的核心是仁义，有德的人治理国家，能使国家兴旺。
文王由于"大德备成"，所以在他统治时期，天下太平、兴盛。
　　在这种思想文化语境中，司马迁也大力倡导德治。司马迁很重
视"六艺"在政治中的作用，他在《太史公自序》中说：

①　贾谊：《贾谊集·傅职》，上海人民出版社，1976，第87页。
②　池田知久：《马王堆汉墓帛书·五行研究》，中华书局，2006，第86页。
③　池田知久：《马王堆汉墓帛书·五行研究》，中华书局，2006，第90页。

夫《春秋》，上明三王之道，下辨人事之纪，别嫌疑，明是非，定犹豫，善善恶恶，贤贤贱不肖，存亡国，继绝世，补敝起废，王道之大者也。《易》著天地阴阳四时五行，故长于变；《礼》经纪人伦，故长于行；《书》记先王之事，故长于政；《诗》记山川溪谷禽兽草木牝牡雌雄，故长于风；《乐》乐所以立，故长于和；《春秋》辨是非，故长于治人。是故《礼》以节人，《乐》以发和，《书》以道事，《诗》以达意，《易》以道化，《春秋》以道义。①

这段话清楚地表明了司马迁对儒家经典所宣扬的以德治国理念的认同。在《五帝本纪》《夏本纪》《殷本纪》和《周本纪》中，司马迁继承并发挥儒家以德治国的理念，把黄帝、尧、舜、禹、汤、文、武等帝王描绘成以德治国的典范：

轩辕乃修德振兵……②
高阳（颛顼）有圣德焉。③
其（帝喾）色郁郁，其德嶷嶷。④
（帝尧）能明驯德……⑤
天下明德皆自虞帝始。⑥
自黄帝至舜、禹，皆同姓而异其国号，以章明德。⑦
禹为人敏给克勤；其德不违，其仁可亲，其言可信……

---

① 《史记·太史公自序》，卷一百三十，第3297页。
② 《史记·五帝本纪》，卷一，第3页。
③ 《史记·五帝本纪》，卷一，第10页。
④ 《史记·五帝本纪》，卷一，第13页。
⑤ 《史记·五帝本纪》，卷一，第15页。
⑥ 《史记·五帝本纪》，卷一，第43页。
⑦ 《史记·五帝本纪》，卷一，第45页。

（禹）帝曰：

"道吾德，乃女功序之也。"皋陶于是敬禹之德，令民皆则禹。不如言，刑从之。舜德大明。①

汤修德，诸侯皆归汤，汤遂率兵以伐夏桀。②

后稷之兴，在陶唐、虞、夏之际，皆有令德。③

西伯（文王）积善累德，诸侯皆乡之……④

穆王将征犬戎，祭公谋父谏曰："不可。先王耀德不观兵。……是故周文公之颂曰：'载戢干戈，载櫜弓矢，我求懿德，肆于时夏，允王保之。'先王之于民也，茂正其德而厚其性，阜其财求而利其器用，明利害之乡，以文修之，使之务利而辟害，怀德而畏威，故能保世以滋大。昔我先王世后稷……我先王不窋用失其官，而自窜于戎狄之间。不敢怠业，时序其德，遵修其绪，修其训典，朝夕恪勤，守以敦笃，奉以忠信。奕世载德，不忝前人。至于文王、武王，昭前之光明而加之以慈和，事神保民，无不欣喜。……日祭，月祀，时享，岁贡，终王。先王之顺祀也，有不祭则修意，有不祀则修言，有不享则修文，有不贡则修名，有不王则修德，序成而有不至则修刑。……"⑤

可见，"为政以德"是司马迁评判和褒贬帝王的一个重要标准，通过它，我们可以清楚地认识到，"德治"思想在司马迁理政思想中的重要地位。在《五帝本纪》中，舜是被司马迁叙述得比较充分

① 《史记·夏本纪》，卷二，第51~81页。
② 《史记·夏本纪》，卷二，第88页。
③ 《史记·周本纪》，卷四，第112页。
④ 《史记·周本纪》，卷四，第116页。
⑤ 《史记·周本纪》，卷四，第135~136页。

的一个帝王，在他身上更能具体体现司马迁的德政思想。

舜的个人品德：

> 舜母死，瞽叟更娶妻而生象，象傲。瞽叟爱后妻子，常欲杀舜，舜避逃；及有小过，则受罪。顺事父及后母与弟，日以笃谨，匪有解。

> 舜父瞽叟顽，母嚚，弟象傲，皆欲杀舜。舜顺适不失子道，兄弟孝慈。欲杀，不可得；即求，尝在侧。

> 尧乃以二女妻舜以观其内，使九男与处以观其外。舜居妫汭，内行弥谨。

> 舜耕历山，历山之人皆让畔；渔雷泽，雷泽上人皆让居；陶河滨，河滨器皆不苦窳。一年而所居成聚，二年成邑，三年成都。①

这里，舜被描绘成了儒家完美人格的化身，他孝顺父母、友爱弟弟、以德报怨，内德茂美。舜在政事方面的表现更是"为政以德"的表率。他用德感化人，使天下归附于他；他推行德教，促成"父义，母慈，兄友，弟恭，子孝，内平外成"② 这一安定局面的形成；他知人善任，使贤能者各得其所，且能最大限度地发挥自己的才能；他把天下治理得整然有序，最后禅位于有德的贤人，恩泽被于后世。所以，司马迁称赞说，"天下明德皆自虞帝始"③，"舜之德可谓至矣！禅位于夏，而后世血食者历三代"④。司马迁在《汉兴以来诸侯年表》《高祖功臣侯年表》和《惠景间侯者年表》

---

① 《史记·五帝本纪》，卷一，第 33~34 页。
② 《史记·五帝本纪》，卷一，第 35 页。
③ 《史记·五帝本纪》，卷一，第 43 页。
④ 《史记·陈杞世家》，卷三十六，第 1586 页。

等篇中，都强调"仁"这一儒家德政之核心理念的积极作用，把它提高到关乎国家兴衰存亡的高度。

司马迁还认为，德治的成效能通过乐舞反映出来：

> 四年，吴使季札聘于鲁，请观周乐。……歌《邶》、《鄘》、《卫》。曰："美哉，渊乎，忧而不困者也。吾闻卫康叔、武公之德如是，是其《卫风》乎？"……歌《魏》。曰："美哉，沨沨乎，大而宽，俭而易行，以德辅此，则盟主也。"歌《唐》。曰："思深哉，其有陶唐氏之遗风乎？不然，何忧之远也？非令德之后，谁能若是！"……歌《小雅》。曰："美哉，思而不贰，怨而不言，其周德之衰乎？犹有先王之遗民也。"……见舞《象箾》、《南籥》者，曰："美哉，犹有感。"见舞《大武》，曰："美哉，周之盛也其若此乎？"见舞《韶护》者，曰："圣人之弘也，犹有惭德，圣人之难也！"见舞《大夏》，曰："美哉，勤而不德！非禹其谁能及之？"见舞《招箾》，曰："德至矣哉，大矣，如天之无不焘也，如地之无不载也，虽甚盛德，无以加矣。观止矣，若有他乐，吾不敢观。"[①]

> 凡音者，生于人心者也；乐者，通于伦理者也。是故知声而不知音者，禽兽是也；知音而不知乐者，众庶是也。唯君子为能知乐。是故审声以知音，审音以知乐，审乐以知政，而治道备矣。是故不知声者不可与言音，不知音者不可与言乐。知乐则几于礼矣。礼乐皆得，谓之有德。德者，得也。[②]

这里，司马迁特别征引《左传》和《乐记》里的话语，说明他深

---

① 《史记·吴太伯世家》，卷三十一，第 1452～1453 页。
② 《史记·乐书》，卷二十四，第 1184 页。

信乐舞能反映民风，能反映德政的实际成效。为了更深一步认识司马迁的德治理念，下面将对《史记》中常用的且与司马迁德治思想相关的概念进行分析。

至德和天德

在西汉前期的语境中，"至德""天德"和与其意义相近的"上德""德配日月""德配天地""圣人之德"等常被儒家思想者用来称颂最高德性：

> 太史公曰：舜之德可谓至矣！禅位于夏，而后世血食者历三代。①
>
> 太史公曰：孔子言"太伯可谓至德矣，三以天下让，民无得而称焉"。②

针对汉和汉以前统治阶层为了争权夺利互相残杀，甚至不惜动用武力，搅乱天下，弄得生灵涂炭的情况，司马迁特别赞美了舜和太伯两位的谦让之德。然而，他更为推崇的是利民之"德"：

> 维弃作稷，德盛西伯……③

弃教会百姓种植谷物，让民众不挨饿，其德比西伯更盛。利民思想是司马迁德政思想的核心：

> 鄙人有言曰："何知仁义，已飨其利者为有德。"故伯夷丑周，饿死首阳山，而文武不以其故贬王；跖跻暴戾，其徒诵

---

① 《史记·陈杞世家》，卷三十六，第 1586 页。
② 《史记·吴太伯世家》，卷三十一，第 1475 页。
③ 《史记·太史公自序》，卷一百三十，第 3301 页。

义无穷。由此观之，"窃钩者诛，窃国者侯，侯之门仁义存"，
非虚言也。①

故曰："仓廪实而知礼节，衣食足而知荣辱。"礼生于有
而废于无。故君子富，好行其德；小人富，以适其力。渊深而
鱼生之，山深而兽往之，人富而仁义附焉。②

范蠡……乃治产积居。与时逐而不责于人。故善治生者，
能择人而任时。十九年之中三致千金，再分散与贫交疏昆弟。
此所谓富好行其德者也。③

以上几段话虽然有些抒愤的意味，但司马迁主要强调的还是：利是
仁义的基础，有利于民，便是德的最好体现。这种以利为基础的德
治，比起脱离利而空谈德治来说，虽然有好利之嫌，但从汉初物质
匮乏和汉武帝时期因实行"多欲"而使得民不聊生的状况看，却
更合乎实际需要，也更有利于民生。

德与兵、刑的关系

在德与兵的关系上，司马迁从维护汉大一统的立场出发，主张
统治者既要以德治为主，但又不能忽视"兵"的作用，即文武兼
用。汉景帝时，黄生与袁固生的争论实质是对汉王朝是否合法的争
论。对于这个问题，司马迁在《史记·五帝本纪》的开篇就给予
了肯定的回答：

炎帝欲侵陵诸侯，诸侯咸归轩辕。轩辕乃修德振兵，治五
气，艺五种，抚万民，度四方，教熊罴貔貅䝙虎，以与炎帝战
于阪泉之野。三战，然后得其志。蚩尤作乱，不用帝命。于是

---

① 《史记·游侠列传》，卷一百二十四，第3182页。
② 《史记·货殖列传》，卷一百二十九，第3255页。
③ 《史记·货殖列传》，卷一百二十九，第3257页。

黄帝乃征师诸侯，与蚩尤战于涿鹿之野，遂禽杀蚩尤。而诸侯咸尊轩辕为天子，代神农氏，是为黄帝。天下有不顺者，黄帝从而征之，平者去之，披山通道，未尝宁居。①

司马迁认为，对于那些残暴的、鱼肉百姓的君主和干扰一统的叛逆者，就应当动用武力征伐，这样既能维护国家的一统局面，又能得到百姓的支持。他在《太史公自序》中说："非兵不强，非德不昌，黄帝、汤、武以兴，桀、纣、二世以崩，可不慎欤？《司马法》所从来尚矣，太公、孙、吴、王子能绍而明之，切近世，极人变。"② 这实际上是对儒家"亚圣"孟子思想的继承。孟子是主张诛灭暴君的：

> 齐宣王问曰："汤放桀，武王伐纣，有诸？"孟子对曰："于传有之。"曰："臣弑其君，可乎？"曰："贼仁者谓之'贼'，贼义者谓之'残'，残贼之人谓之'一夫'，闻诛一夫纣矣，未闻弑君也。"③

从刘邦建立汉王朝到汉武帝时期，威胁一统的因素一直存在。周边各民族，特别是匈奴的入侵，诸侯王的反叛，始终威胁着汉王朝的稳定。司马迁旗帜鲜明地支持以兵辅德，认为"非兵不强，非德不昌"。他批评那些光说德化，反对用兵的世儒，说：

> 晋用咎犯，而齐用王子，吴用孙武，申明军约，赏罚必信，卒伯诸侯，兼列邦土，虽不及三代之诰誓，然身宠君尊，

---

① 《史记·五帝本纪》，卷一，第3页。
② 《史记·太史公自序》，卷一百三十，第3305页。
③ 朱熹撰《四书集注·孟子·梁惠王下》，岳麓书社，1987，第316页。

当世显扬，可不谓荣焉？岂与世儒暗于大较，不权轻重，猥云德化，不当用兵，大至君辱失守，小乃侵犯削弱，遂执不移等哉！故教笞不可废于家，刑罚不可捐于国，诛伐不可偃于天下，用之有巧拙，行之有逆顺耳。[①]

同样，在德与刑的关系上，司马迁反对酷刑，反对以刑为主的治国思想，主张以刑辅德。

孔子曰："导之以政，齐之以刑，民免而无耻。导之以德，齐之以礼，有耻且格。"老氏称："上德不德，是以有德；下德不失德，是以无德。法令滋章，盗贼多有。"太史公曰：信哉是言也！法令者治之具，而非制治清浊之源也。昔天下之网尝密矣，然奸伪萌起，其极也，上下相遁，至于不振。当是之时，吏治若救火扬沸，非武健严酷，恶能胜其任而愉快乎！言道德者，溺其职矣。故曰"听讼，吾犹人也，必也使无讼乎"。"下士闻道大笑之"。非虚言也。汉兴，破觚而为圆，斫雕而为朴，网漏于吞舟之鱼，而吏治烝烝，不至于奸，黎民艾安。由是观之，在彼不在此。[②]

这段话清楚地说明了为政要"导之以政"，"导之以德"，刑只能作为治理国家的辅助手段，因为法令只是"治之具"，"而非制治清浊之源"。同时，他又认识到，法令是不可或缺的。

司马迁反对帝王为了满足一己的私欲而胡作非为，施用暴政酷刑：

---

① 《史记·律书》，卷二十五，第1241页。
② 《史记·酷吏列传》，卷一百二十二，第3131页。

　　帝纣资辨捷疾，闻见甚敏；材力过人，手格猛兽；知足以距谏，言足以饰非；矜人臣以能，高天下以声，以为皆出己之下。好酒淫乐，嬖于妇人。爱妲己，妲己之言是从。于是使师涓作新淫声，北里之舞，靡靡之乐。厚赋税以实鹿台之钱，而盈钜桥之粟。益收狗马奇物，充仞宫室。益广沙丘苑台，多取野兽蜚鸟置其中。慢于鬼神。大冣乐戏于沙丘，以酒为池，县肉为林，使男女倮相逐其间，为长夜之饮。百姓怨望而诸侯有畔者，于是纣乃重刑辟，有炮格之法。……而用费中为政。费中善谀，好利，殷人弗亲。纣又用恶来。恶来善毁谗，诸侯以此益疏。……王子比干谏，弗听。商容贤者，百姓爱之，纣废之。及西伯伐饥国，灭之，纣之臣祖伊闻之而咎周，恐，奔告纣……曰："天曷不降威，大命胡不至？"今王其奈何？纣曰："我生不有命在天乎！"祖伊反，曰："纣不可谏矣。"①

这里司马迁对滥用刑罚的暴君商纣王予以了无情的批判。与此相反，司马迁极力赞扬具有"法者，治之正也，所以禁暴而率善人也"② 思想的孝文帝。孝文帝废除连坐法、肉刑和诽谤罪，这也是司马迁十分推崇他的重要原因之一。从《孝文本纪》赞中，我们便能看出司马迁对孝文帝是多么敬仰：

　　孔子言"必世然后仁。善人之治国百年，亦可以胜残去杀"。诚哉是言！汉兴，至孝文四十有馀载，德至盛也。廪廪乡改正服封禅矣，谦让未成于今。呜呼，岂不仁哉！③

----

① 《史记·殷本纪》，卷三，第 105～108 页。
② 《史记·孝文本纪》，卷十，第 418 页。
③ 《史记·孝文本纪》，卷十，第 437～438 页。

德与天道、神异

尽管司马迁在《伯夷列传》中对天道的公正性，提出了大胆的质疑，但这些质疑，主要是针对个人的遭遇和命运而发的。在对待国家和关乎国家命运的帝王时，他倾向于相信天命。这主要体现在其以"礼乐损益，律历改易，兵权山川鬼神，天人之际，承敝通变"①为主旨的"八书"之一的《天官书》中。《天官书》是对占星术的记载，星象变化预示着人世变化。《天官书》中主要记载了天象变化与争权、军事、刑罚、农功、市货、交通、疾疫的关系，其中与政事有关的9例，占31.03%，与军事有关的8例，占27.59%。二者相合，计17例，占58.62%。下面举几个例子：

> 当居不居，居之又左右摇，未当去去之，与他星会，其国凶。所居久，国有德厚。其角动，乍小乍大，若色数变，人主有忧。②

> 其一名曰地侯，主岁。岁行十度百十二分度之五，日行二十八分度之一，二十八岁周天。其所居，五星皆从而聚于一舍，其下之国，可重致天下。礼、德、义、杀、刑尽失，而填星乃为之动摇。③

> 木星与土合，为内乱。饥，主勿用战，败；水则变谋而更事；火为旱；金为白衣会若水。……三星若合，其宿地国外内有兵与丧，改立公王。四星合，兵丧并起，君子忧，小人流。五星合，是为易行，有德，受庆，改立大人，掩有四方，子孙蕃昌；无德，受殃若亡。④

---

① 《史记·太史公自序》，卷一百三十，第3319页。
② 《史记·天官书》，卷二十七，第1316页。
③ 《史记·天官书》，卷二十七，第1320页。
④ 《史记·天官书》，卷二十七，第1320~1321页。

日变修德，月变省刑，星变结和。凡天变，过度乃占。国君强大，有德者昌；弱小，饰诈者亡。太上修德，其次修政，其次修救，其次修禳，正下无之。夫常星之变希见，而三光之占亟用。①

苍帝行德，天门为之开。赤帝行德，天牢为之空。黄帝行德，天天为之起。……天行德，天子更立年；不德，风雨破石。三能、三衡者，天廷也。客星出天廷，有奇令。②

以上仅仅是《天官书》中几段关于天道与政事感应的比较明显的例子，我们从中能清楚地认识到，司马迁是相信天道与政事之间是存在着感应关系的。统治者不以德治国，上天就会示之以凶灾之象。同时，他又认为天象到底是显示吉相还是显示凶相，是依据统治者实施的是德政还是暴政而定的。即使统治者施行了暴政，但如果惩于天所警示的凶象，改而施德政，就可以影响或改变天象，化凶为吉。

所以，他说，"日变修德，月变省刑""国君强大，有德者昌；羽小，饰诈者亡。太上修德，其次修政""有德，受庆，改立大人，掩有四方，子孙蕃昌；无德，受殃若亡"。司马迁这一思想的产生或许是受其史官家学的影响，因为观测天象、研究天道是史官的职责之一；或许是想用天道来约束在人世间具有至高无上权力的皇帝，防止其滥用权力；或许兼而有之。关于用天象来约束皇权所具有的效力，在孝文帝和汉武帝身上可以得到印证：

十一月晦，日有食之。十二月望，日又食。上曰："朕闻

---

① 《史记·天官书》，卷二十七，第1351页。
② 《史记·天官书》，卷二十七，第1351页。

之，天生蒸民，为之置君以养治之。人主不德，布政不均，则天示之以灾，以诫不治。乃十一月晦，日有食之，适见于天，灾孰大焉！"①

十三年夏，上曰："盖闻天道祸自怨起而福繇德兴。百官之非，宜由朕躬。今秘祝之官移过于下，以彰吾之不德，朕甚不取。其除之。"②

其秋，有星茀于东井。后十餘日，有星茀于三能。望气王朔言："候独见填星出如瓜，食顷复入焉。"有司皆曰："陛下建汉家封禅，天其报德星云。"③

其来年冬，郊雍五帝，还，拜祝祠太一。赞飨曰："德星昭衍，厥维休祥。寿星仍出，渊耀光明。信星昭见，皇帝敬拜太祝之享。"④

可见，这两位皇帝很迷信天象，他们相信"天道祸自怨起，而福由德兴"，因此，他们的悲喜也是与天象的变化息息相关的。对于拥有至高无上权力的皇帝，如果不借助上天，任何人都不可能约束他。所以，我认为相信天人感应，在那个时代所起的积极作用远远大于消极作用。如从史料看，秦始皇就是一个天人相应观念和鬼神观念淡薄的人，他天不怕，地不怕，鬼神也不怕，为所欲为，结果他建立的秦帝国十余年就灰飞烟灭了。可见，在人间力量没法约束君王权力的时代，用天象和鬼神等看似不科学的东西来约束其权力，也不失为一种有效的方法。

在《史记》中，司马迁还宣扬了神异思想与德的密切关系。

① 《史记·孝文本纪》，卷十，第 422 页。
② 《史记·孝文本纪》，卷十，第 427 页。
③ 《史记·封禅书》，卷二十八，第 1399 页。
④ 《史记·封禅书》，卷二十八，第 1399 页。

太史公曰：神农以前尚矣。盖黄帝考定星历，建立五行，起消息，正闰馀，于是有天地神祇物类之官，是谓五官。各司其序，不相乱也。民是以能有信，神是以能有明德。民神异业，敬而不渎，故神降之嘉生，民以物享，灾祸不生，所求不匮。①

帝雍己崩，弟太戊立，是为帝太戊。帝太戊立伊陟为相。亳有祥桑谷共生于朝，一暮大拱。帝太戊惧，问伊陟。伊陟曰："臣闻妖不胜德，帝之政其有阙与？帝其修德。"太戊从之，而祥桑枯死而去。②

帝武丁祭成汤，明日，有飞雉登鼎耳而呴，武丁惧。祖己曰："王勿忧，先修政事。"……武丁修政行德，天下咸欢，殷道复兴。③

六年，郑火，公欲禳之。子产曰："不如修德。"④

后十四世，至帝孔甲，淫德好神，神渎，二龙去之。其后三世，汤伐桀，欲迁夏社，不可，作《夏社》。后八世，至帝太戊，有桑谷生于廷，一暮大拱，惧。伊陟曰："妖不胜德。"太戊修德，桑谷死。伊陟赞巫咸，巫咸之兴自此始。⑤

与相信天象相同，司马迁还相信神灵也能根据统治者政治的好坏，来显示吉凶祸福。妖异则不同，它们是专门兴风作浪、制造灾祸的。对于妖异，司马迁相信执政者也可以用"德"来应对它们，他认为，只要统治者勤于修德，实施德政，就可以战胜妖异，化祸

---

① 《史记·历书》，卷二十六，第1256页。
② 《史记·殷本纪》，卷三，第100页。
③ 《史记·殷本纪》，卷三，第103页。
④ 《史记·郑世家》，卷四十二，第1774页。
⑤ 《史记·封禅书》，卷二十八，第1356页。

为福。

综上所述，司马迁很重视德治的意义和作用，他思想中关于德的内涵和德治思想是在继承孔子与"六艺"的基础上发展的，其德治思想的实质与基本精神是与先秦儒家思想一致的，但由于受时代的影响，他的德治思想又掺杂了一些神秘的因素，如他相信天人相应、阴德和神灵与德治都有着密切关系。正如钱钟书所说，司马迁"持阴德报应之说""以为冥冥之中尚有纲维主张在"①。另外，司马迁通过审视历史与现实政治，发现为政者不一定有德，无德的暴君时或出现。因此，司马迁也认识到，这种完全依靠统治者德性来治理国家的德治模式是具有偶然性的，也是有局限性的，但在没有找到更好的方法来约束帝王权力的情况下，司马迁只得选择并希望依靠诸如天象、神灵等来监察他们。

最后，再从司马迁的圣人观谈谈他的德治思想的淡化。尽管司马迁对儒家的德治思想很赞赏，也倾注了极大的热情，但它毕竟属于"所传闻世"，其实际效果怎样，无从印证。司马迁所见的只是儒家经典的记载和儒者的鼓吹，德治理想仅仅是停留在纸面上的蓝图。因此，相对于那些钟情于儒家政治的思想者，司马迁的德治思想便明显要淡化些。下面以司马迁的圣人观为例，来谈谈这个问题。

在我国古代文化中，"圣人"这一概念有着十分重要的地位和意义，著书立说者往往以圣人入说，用圣人来寄托和表达自己的最崇高的理想。据顾颉刚先生考证，在甲骨文中没有"圣"字，金文中或省为"耶"，意思是"声入心通"。"圣"的本意是聪明的人，没有神秘的意味。春秋以后，人们的"圣人"观念越来越浓，

---

① 钱钟书著《管锥篇·史记会注考证》，中华书局，1978。

并逐步向神秘和玄妙的方向发展。① 在《论语》中，孔子仅两次提到"圣人"："圣人吾不得而见之矣；得见君子者，斯可矣。"② "君子有三畏：畏天命，畏大人，畏圣人之言。小人不知天命而不畏也，狎大人，侮圣人之言。"③ 这里孔子说"圣人吾不得而见之"并对"圣人"表示了一种难以言说的敬畏之意。到了战国时代，如孟子、庄子、荀子等的圣人意识明显加强。要给"圣人"一个明确的界定，是很困难的。姜广辉先生在考察了先秦诸子对"圣人"的界说后指出："诸家对圣人的界说，有从道德层面说，有从智慧层面说，有从功业层面说，综合而言，圣人是道德、智慧、功业的最高体现和完美统一，是如荀子所说的'备道全美者'。"④ 这基本反映了我国古代文化中圣人理念的实质。汉代由于经学思想的发展，"圣人"观念也日趋巩固。从政治层面上说，"圣人"就是理想政治的承担者。汉代思想者著书立说，流行借圣人来表达思想，甚至到了言必称圣人的程度。然而，相对于同时代的思想者，司马迁的圣人情结却明显淡化。在五十余万字的《史记》中，"圣"字仅仅用一百八十五次，而被司马迁直接称为圣人的只有黄帝、（帝）高阳、舜、汉高祖、太公、武帝和孔子。

> 维昔黄帝，法天则地，四圣遵序……⑤
>
> （帝）高阳有圣德焉。⑥
>
> 尧使舜入山林川泽，暴风雷雨，舜行不迷。尧以为

---

① 顾颉刚：《"圣"、"贤"观念和字义的演变》，《中国哲学》第一辑。

② 杨伯峻译注《论语译注·述而》，中华书局，1980，第73页。

③ 杨伯峻译注《论语译注·季氏》，中华书局，1980，第177页。

④ 姜广辉：《中国经学思想史》，中国社会科学出版社，2003，第106页。

⑤ 《史记·太史公自序》，卷一百三十，第3301页。

⑥ 《史记·五帝本纪》，卷一，第10页。

圣……①

（汉高祖）故愤发其所为天下雄，安在无土不王。此乃传之所谓大圣乎？岂非天哉，岂非天哉！非大圣孰能当此受命而帝者乎？②

以太公之圣，建国本，桓公之盛，修善政，以为诸侯会盟，称伯，不亦宜乎？洋洋哉，固大国之风也！③

自天子王侯，中国言《六艺》者折中于夫子，可谓至圣矣！④

故诸为武帝生子者，无男女，其母无不谴死，岂可谓非贤圣哉！昭然远见，为后世计虑，固非浅闻愚儒之所及也。谥为"武"，岂虚哉！⑤

当然，司马迁心中的圣人不仅仅限于这几个人，但是，从他对这些圣人的叙述来看，这些圣人就明显缺少了"圣人"应有的光环和神圣，他们有的时候与普通人无异，也有不足之处。这就在一定程度上反映了司马迁对德治思想的认识。可以看出，司马迁对完全依靠统治者之德来治理天下、实现美政并不抱太大希望。

当然，我这里说司马迁的德治思想淡化，并不是说司马迁不相信德治思想的政治作用和意义，只不过相对于那些过度鼓吹德治思想的人而言，司马迁对德治思想在政治中的优势和不足有着更加清醒的认识。实际上，从《史记》本文来看，在司马迁的思想中，辅以礼乐的德治，即儒家理政思想仍是他心中的理想政治。

---

① 《史记·五帝本纪》，卷一，第22页。
② 《史记·秦楚之际月表》，上海古籍出版社，1997，卷十六，第597页。
③ 《史记·齐太公世家》，卷三十二，第1513页。
④ 《史记·孔子世家》，卷四十七，第1947页。
⑤ 《史记·外戚世家》，卷四十九，第1986页。

第五章
"一家之言"理政思想
产生矛盾的原因

　　上两章分析了司马迁"一家之言"之黄老理政思想和德治思想。从中可知，司马迁的理政思想存在着儒道交织的矛盾。实际上，从班彪提出"史公三失"说以来，学术界对于司马迁"一家之言"之理政思想是崇儒家，还是尊黄老这个问题的争讼就一直没有间断过。近人孙德谦著《太史公书义法》二卷，力证司马迁尊儒家说，他说：

　　余向以龙门之学宗法道家，今乃知其不然，何也？始以为必宗法道家者，《汉书·艺文志》云：道家者流，出于史官，历数成败存亡、祸福古今之道。而迁亦谓究天地之际，通古今之变。且自序言其父谈习道论于黄子，所论六家要旨又以道家精神专一，动合无形，赡足万物。其为术也，因阴阳之大顺，采儒墨之善，撮名法之要。意迁缵承父业，其学必本于道，而孰知迁固尊儒者也。吾何以知迁之尊儒哉？《儒林》一传，非子长所创作乎？其后孟坚而下，莫不因之。吾中国之推而崇儒术，追溯其原，实自此传为始。不可见迁之尊儒与？夫儒之缘起，观《淮南子·要略》篇，则为孔子所兴。孔子圣德在庶，初非有土之君，迁于世家之中列入孔子，斯为尊儒之至矣。孔子门人，达者七十。汉代通经之儒，皆从而出，故以仲尼弟子特立专传。此外名墨诸家，则概乎无有，亦其尊儒之意可窥测而得者也。虽然，此犹尊儒之显然者，吾尝考其立言之旨，而知史公无不根极于儒家。儒家游文六经，史于《五帝纪》赞云："总之，不离乎古文者近是。"《伯夷列传》云："学者载籍极博，犹考信于六艺。"纪传首篇必揭明其义者，若言所作之史，游文六经，悉出儒家之旨也。儒家留意仁义，《史·汉兴以来诸侯年表》云："臣迁谨记高祖以来至太初诸侯谱，其下益损之，令后世得览，形势虽强，要之以仁义为本。"又《高祖功臣侯年表》云："有唐虞之侯伯，历三代，千有馀载，自全以蕃卫天子。岂非笃于仁义奉上法哉？"《惠景间侯者年表》云："表始终当世仁义成功之著者也"，是又深谙儒家之旨，真能留意仁义矣。儒家祖述尧舜，宪章文武，宗师仲尼，以重其言。所谓宗师仲尼者，余已于《衷圣》篇见其取宣圣之言，用为折衷，谓其义法在是矣。《五帝本纪》断自黄帝，似非祖述尧舜者，不知迁尝谓"卒述陶唐以来至于麟止，自黄帝始。"其曰陶唐以来，则仍上法《尚书》，以尧舜为首，未有乖乎儒家之旨者。故今虽以《史》原黄帝，既已撰史，不可不叙黄帝于前，然不又言孔子所传宰予问《五帝德》、《帝系姓》儒者或不传乎，惜其不传而致疑于儒者，盖以《五帝德》二篇，明明传自孔子，如使儒者传之，岂不更善？然子长所以尊儒之心，于此大可悟矣。近世有谓司马氏父子异尚者，其言曰特举道家之旨约易操，事少功多，与儒之博而寡要，劳而少功：两两相校，以明孔不如老。此谈之学也，而迁意则尊儒，父子异尚……是亦知迁之尊儒矣。①

---

① 杨家骆主编《四史治意并附编六种·太史公书义法》，鼎文书局，1976，第396页。

这里，孙德谦首先叙说了自己对司马迁思想在认识上的变化：他由最初认为司马迁之学"宗法道家""其学必本于道"，后来却转变为坚信"迁固尊儒者""史公无不根极于儒家"。其后，孙先生列举了他坚信"迁固尊儒者""史公无不根极于儒家"的理由。第一，司马迁在《史记》中首撰"《儒林》一传"；第二，"孔子圣德在庶，初非有土之君，迁于世家之中列入孔子"；第三，为"仲尼弟子特立专传"，"此外名墨诸家，则概乎无有"；第四，材料的取舍以"六艺"为准，《五帝纪》赞云，"总之，不离乎古文者近是"，《伯夷列传》云，"学者载籍极博，犹考信于六艺"；第五，《汉兴以来诸侯年表》《高祖功臣侯年表》和《惠景间侯者年表》等篇都"留意仁义"。至于《论六家要指》中所表达的尊道之意，孙先生则认为是"谈之学"；而且认为"迁意则尊儒，父子异尚"，即司马氏父子的思想不相同，尊道思想属于司马谈，与司马迁无关。

与持司马迁尊儒说者相反，李长之著《司马迁的人格与风格》一书，则倾向于司马迁尊道说。实际上，持这两种观点的人都不难从《史记》中找到若干论据来支持自己的观点。这就说明了司马迁的理政思想具有兼容并包的特点，或者说具有"杂"的特点。这一特点又突出表现在其德治思想与黄老理政思想相交织的矛盾。其实，司马迁理政思想上的矛盾，不仅表现在尊儒与尊道方面，还表现在天人关系、义利关系等方面。那么，司马迁理政思想矛盾产生的原因是什么呢？以下我将从五个方面分析司马迁理政思想矛盾产生的原因。

第一，思想文化融合的时代背景造成的矛盾。司马迁所处的时代是一个百家思想交流融合的时代，可以说，没有任何一家思想能保持其"纯洁"性。例如，汉代所谓"纯儒"董仲舒是十分推崇儒家思想的，但他的思想还是免不了受到黄老道家思想的影响。

如,《春秋繁露·离合根》说:"故为人主者,法天之行。是故内深藏,所以为神;外博观,所以为明也;任群贤,所以为受成;乃不自劳于事,所以为尊也;泛爱群生,不以喜怒赏罚,所以为仁也。故为人主者,以无为为道,以不私为宝。立无为之位而乘备具之官,足不自动而相者导进,口不自言而摈者赞辞,心不自虑而群臣效当,故莫见其为之而功成矣。此人主所以法天之行也。"① 这里就明显流露出黄老道家思想。又如,推崇黄老道家思想者刘安也吸收了儒家思想,《淮南子·主术训》说:"国之所以存者,仁义是也;人之所以生者,行善是也。国无义,虽大必亡;人无善志,虽勇必伤。"②《淮南子·缪称训》说:"君子非仁义无以生,失仁义则失其所以生;小人非嗜欲无以活,失嗜欲则失其所以活。故君子惧失仁义,小人惧失利,观其所惧,知各殊矣。《易》曰:'即鹿无虞,惟入于林中,君子几,不如舍,往吝。'"③《淮南子·泰族训》说:"治之所以为本者,仁义也;所以为末者,法度也。"④再如,司马迁在《循吏列传》中共写了五个人,其中写石奢、立离和公休仪三人的材料基本上是照搬儒家经传《韩诗外传》的。按理说,这里所反映出的应该是司马迁的儒家思想,但余英时认为司马迁笔下的循吏属于黄老人物,他说:"司马迁所谓'循吏'是指文景时代黄老无为式的人物。"⑤ 泷川资言也持此观点,他说:"《循吏列传》后叙汲黯、郑当时者,以两人亦循吏也。"⑥ 这也就从某个方面反映了当时儒道两家学术思想的融合。这些说明了司马迁处在一个百家学术思想大交流大融合的时代,他顺应了时代潮

---

① 苏舆撰《春秋繁露义证》,中华书局,1992,卷六,第165页。
② 何宁撰《淮南子集释》,中华书局,1998,卷九,第702~703页。
③ 何宁撰《淮南子集释》,中华书局,1998,卷十,第707页。
④ 何宁撰《淮南子集释》,中华书局,1998,卷二十,第1422页。
⑤ 余英时:《士与中国文化》,上海人民出版社,1987,第155页。
⑥ 泷川资言:《史记会注考证》,东方文化学院东京研究所藏版,第7册,第3页。

流，兼采众家著述《史记》，又由于司马迁撰述《史记》的主要目的是"务为治"，他"稽其成败兴坏之纪""原始察终"，力图为治者提供一个全方位的借鉴，所以，只要有利于"为治"的思想，他都兼容并包地予以吸收。这样一来，《史记》所呈现出来的思想就难免有些"杂"。例如，司马迁虽然认识到了法家在历史和现实中所产生的不好的影响，但他还是充分肯定了法家在政治上所发挥的积极的和不可或缺的作用，给法家人物立传。

第二，由于《史记》的性质造成的矛盾。司马迁和他父亲都十分敬仰孔子。司马谈临终之际托付司马迁完成自己未竟的修史事业，说："自周公卒五百岁而有孔子。孔子卒后至于今五百岁，有能绍明世，正《易传》，继《春秋》，本《诗》《书》《礼》《乐》之际？意在斯乎！意在斯乎！小子何敢让焉。"[1] 他嘱咐司马迁效法孔子修《春秋》的精神写史。司马迁在《孔子世家》中说，孔子"为《春秋》，笔则笔，削则削，子夏之徒不能赞一辞"[2]，对孔子认真负责的撰史精神给予高度评价。司马迁立志继《春秋》创一代大典，决心向孔子学习，借"史"来发表其"务为治"的"一家之言"，不发"空言"。这就决定了《史记》与一般"子书"不同。"子书"的作者著书立说，采用的是论说方式，即"空言"；司马迁撰写《史记》则主要是以历史人物和事实为依据，即以"见之行事"的方式。"子书"作者征引历史人物或历史事件只是为了证明自己的观点。他们为了证明自己的观点，有时甚至不惜歪曲历史人物和史事。司马迁则秉承孔子对历史高度负责的精神，采取孔子"疑则传疑"的谨慎态度，力求在追寻历史真实的基础上表达自己的观点，以便给"为治"者提供生动且具有历史真实的

---

① 《史记》，卷一百三十，第3296页。
② 《史记》，卷四十七，第1944页。

参考。《史记》的大部分篇章呈现给读者的都是生动具体的历史人物、历史事件和历史画面，这就使《史记》具有了文学的一些特点，尤其是文学的多义性的特点。另外，司马迁采取"寓论断于叙事中"的笔法，读者需要透过事件和人物的言行才能体察到其中所蕴涵的思想。这就难免会出现仁者见仁，智者见智的情况。如读者对叔孙通的评价，褒之者说他"知通变"，是"汉家儒宗"，贬之者则认为他是一个圆滑无耻的投机分子。于是，认为司马迁褒扬叔孙通者，把这当成司马迁尊儒的证据，而认为司马迁贬叔孙通者，则把这当成司马迁贬儒的证据。

第三，受儒家理想政治与道家现实政治双重影响产生的矛盾。从《五帝本纪》看，司马迁的古史观显然与儒家的古史观相一致，他舍弃了道家的古史观。从《高祖本纪》看，司马迁对社会历史的演化进程的认识也与儒家一文一质，终始之道的观点相一致，《高祖本纪》说："夏之政忠。忠之敝，小人以野，故殷人承之以敬。敬之敝，小人以鬼，故周人承之以文。文之敝，小人以僿，故救僿莫若以忠。三王之道若循环，终而复始。周秦之间，可谓文敝矣。秦政不改，反酷刑法，岂不缪乎？故汉兴，承敝易变，使人不倦，得天统矣。"[1]《五帝本纪》和《高祖本纪》赞都是儒家对往古社会的政治和社会演变的认识，司马迁受过儒家教育，儒家构建的美好的古代理政思想自然会让他神往，从而影响他的理政思想。从《史记》的编撰体例看，司马迁构建了一个符合儒家政治的统治秩序，他赞成分封制和礼治，并且在《八书》中，设《礼书》《乐书》宣扬儒家的核心政治理念，鼓吹德治和礼治思想。然而，儒家的理政思想从来就没有真正实现过，因此，儒家理政思想的实际效果也就无法验证。更令司马迁不解的是，口口声声重视用儒家

---

① 《史记》，卷八，第 393～394 页。

理政思想治国的汉武帝却很让人失望。汉武帝起用的儒生也令司马迁失望，他们多半阿意取谀，成了汉武帝"多欲"政治的帮手，弄得民生凋敝，国势日颓。与此相反的是，汉初实施黄老道家理政思想治国的皇帝却能使民生与国家向好的方向发展。法家政治则更令他沮丧，司马迁在《酷吏列传》开篇说：

> 孔子曰："导之以政，齐之以刑，民免而无耻。导之以德，齐之以礼，有耻且格。"老氏称："上德不德，是以有德；下德不失德，是以无德。法令滋章，盗贼多有。"太史公曰：信哉是言也！法令者治之具，而非制治清浊之源也。昔天下之网尝密矣，然奸伪萌起，其极也，上下相遁，至于不振。当是之时，吏治若救火扬沸，非武健严酷，恶能胜其任而愉快乎！言道德者，溺其职矣。故曰"听讼，吾犹人也，必也使无讼乎"。"下士闻道大笑之"。非虚言也。汉兴，破觚而为圆，斫雕而为朴，网漏于吞舟之鱼，而吏治烝烝，不至于奸，黎民艾安。由是观之，在彼不在此。①

这里司马迁表达了对酷吏的厌恶和不满。方苞说："循吏独举五人，伤汉事也。……史公盖欲传酷吏，而先列古循吏以为标准。……然酷吏恣睢实由武帝侈心，不能自克，故曰：身修者官未曾乱也。"② 黄老政治对司马谈来说是亲身经历的，对司马迁来说是刚刚过去的历史，他多少能感受得到其余韵。因此，司马迁在《史记》中表达了对黄老无为而治之政治理念的赞赏与向往之情。实际上，这种情感也普遍存在于汉初其他学者的思想中。

---

① 《史记》，卷一百二十二，第 3131 页。
② 《方望溪先生全集·集外文补遗》，卷二。

第四，身兼文人与官吏双重身份和尊汉思想造成的矛盾。汉武帝的"更始"雄心，不拘一格起用人才的政策，"内兴功利，外攘四夷"的有为方略，以及时代开明的文化氛围，为有志之士施展才能提供了空间。但同时我们不得不遗憾地看到，汉武帝时期士人的晋升之途和发展之路相对于春秋战国时期则是明显逼仄了，即使与汉初相比，也要逊色些。因为汉武帝时期，一统的局面已基本形成，中央集权统治也更加巩固，诸侯王的势力和权力更是大大削弱了。士人依附的对象已由多元变成一元，没有了选择的余地。东方朔概括这一景况时说："彼一时也，此一时也"，[①] "绥之则安，动之则苦；尊之则为将，卑之则为虏；抗之则在青云之上，抑之则在深泉之下；用之则为虎，不用则为鼠；虽欲尽节效情，安知前后？"[②] 话里透出一位士人得不到重用、看不到前景的辛酸之情。对司马迁而言，不只是此，"李陵之祸"让他进一步认识到了统治者的难以伺候。司马迁在《老子韩非列传》引用了韩非子《说难》中的一个故事：一个叫弥子瑕的人，被卫君宠爱时，他矫驾卫君车救母，把自己吃剩的一半桃子分给卫君吃，卫君不仅没有处罚他，反而还称许他。弥子瑕失宠后，却因为这两件同样的事而获罪。司马迁认识到，士人的命运很大程度决定于君主的爱憎，他知道这是十分可怕的，正所谓"夫龙之为虫也，柔可狎而骑也；然其喉下有逆鳞径尺，若人有婴之者，则必杀人。人主亦有逆鳞，说者能无婴人主之逆鳞，则几矣！"[③] 司马迁在《老子韩非列传》中还特意引用了两段：一段是孔子评价老子的话："鸟，吾知其能飞；鱼，吾知其能游；兽，吾知其能走。走者可以为罔，游者可以为纶，飞者可以为矰。至于龙吾不能知，其乘风云而上天。吾今日见老子，

---

① 严可均辑《全汉文·（晁错）答客难》，商务印书馆，1999，卷二十五，第 257 页。
② 严可均辑《全汉文·（晁错）答客难》，商务印书馆，1999，卷二十五，第 258 页。
③ 王先慎撰《韩非子集解·说难》，中华书局，1998，卷四，第 94～95 页。

其犹龙邪！"①《老子韩非列传》另一段是关于庄子的一则逸事：
"楚威王闻庄周贤，使使厚币迎之，许以为相。庄周笑谓楚使者
曰：'千金，重利；卿相，尊位也。子独不见郊祭之牺牛乎？养食
之数岁，衣以文绣，以入大庙。当是之时，虽欲为孤豚，岂可得
乎？子亟去，无污我。我宁游戏污渎之中自快，无为有国者所羁，
终身不仕，以快吾志焉。'"② 这无疑寓含着作者的辛酸与感慨，同
时也反映出作者对现实政权有了比较清楚而理性的认识。基于这样
的认识，在撰写《史记》的问题上，或者说是在"立言"的问题
上，司马迁已从全心全意服务于现实政权，转变到一定程度地独立
于现实政权之外。这对司马迁撰写《史记》的指导思想、选材和
方法都有重要而又积极的影响，使他能站在较高的角度来审视历史
和现实。另外，司马迁从二十余岁步入仕途直到逝世都身在官场为
汉政权服务，尽管他没有一般官吏的"阿意苟取容，幸将欲放失，
低嘿不言者"③，但他兼具官吏和文人的双层身份的事实是不容否
认的。司马迁兼具知识分子与官吏双重身份，这势必会在一定程度
上影响他的理政思想，进而也会影响到他的著述。王充在《论衡
·程材》篇中有文吏和儒生之论，他说："论者多谓儒生不及彼文
吏……见文吏利便而儒生堕落，则诋訾儒生以为浅短，称誉文吏谓
之深长。是不知儒生，亦不知文吏也。儒生文吏皆有材智，非文吏
材高而儒生智下也。文吏更事，儒生不习也。"④ "文吏能破坚理
烦，不能守身，身则亦不能辅将。儒生不习于职，长于匡救，将相
倾侧，谏难不惧。案世间能建蹇蹇之节、成三谏之义、令将简身自
救、不敢邪曲者，率多儒生；阿意苟取容，幸将欲放失，低嘿不言

---

① 《史记》，卷六十三，第 2140 页。
② 《史记》，卷六十三，第 2145 页。
③ 王充：《论衡·程材》，上海书店出版社，诸子集成本，1986，第 119 页。
④ 王充：《论衡·程材》，上海书店出版社，诸子集成本，1986，第 118 页。

者，率多文吏。文吏以事胜，以忠负；儒生以节优，以职劣。二者长短，各有所宜。"① "五经以道为务，事不如道，道行事立，无道不成。然则儒生所学者道也，文吏所学者事也……事末于道，儒生治本，文吏治末。道本与事末，比定尊卑之，高下可得程矣。"② 王充分析了文吏和儒生各自的优缺点，而司马迁却恰好兼而有之。司马迁的文人身份恐怕大家都认可，至于他的官吏身份，他的履历已经证实。从桓宽的《盐铁论》中辩论方之一——作为官吏的"大夫"多次引用司马迁的观点来反驳文学（儒者），也可以看出官吏身份对司马迁理政思想的影响。而且，"尊汉"也是司马迁成"一家之言"的目的之一，这就决定了他不可能完全摆脱为现实政权服务的思想。如《史记》中的"我汉"，我汉"继三代末业"云云，就是他这一思想的反映。这也是司马迁的理政思想矛盾的原因之一。

第五，理性思考与感情激发相交织而产生的矛盾。司马迁撰写《史记》的主要目的是通过"究天人之际，通古今之变""稽其成败兴坏之纪"来表达自己的理政思想，以便为治国者提供借鉴。他撰写《史记》，坚持求真求实的原则。而且，从《史记》的体例和构思等方面看，也具有明显的理性特点。但由于司马迁本人的个性才情和人生遭遇，他的撰述又往往饱含着浓烈的感情因素。鲁迅评《史记》，称它为"无韵之《离骚》"，意思就是说《史记》具有强烈的抒情色彩。这一特色在《史记》的人物传记里表现得尤为突出。对遭受不公待遇的人，司马迁常常给予深切的同情。如在《伯夷列传》中，他为伯夷和颜渊鸣不平说："或曰：'天道无亲，常与善人。'若伯夷、叔齐，可谓善人者非邪？积仁洁行如此而饿

---

① 王充：《论衡·程材》，上海书店出版社，诸子集成本，1986，第119页。
② 王充：《论衡·程材》，上海书店出版社，诸子集成本，1986，第121页。

死！且七十子之徒，仲尼独荐颜渊为好学。然回也屡空，糟糠不厌，而卒蚤夭。天之报施善人，其何如哉？"① 当然，这种饱含情感的行文特色，不仅是与司马迁的个性才情和人生遭遇有关，还与司马迁重视个体生命情感有关。如同样是谈伯夷，孔子只注重道德评价。"伯夷、叔齐，不念旧恶，怨是用希。""求仁得仁，又何怨乎？"② 孔子几乎完全忽视了伯夷的个人情感。司马迁则不同，他在表彰伯夷高尚品德的同时，又特别突出伯夷的情感，"武王已平殷乱，天下宗周，而伯夷、叔齐耻之，义不食周粟，隐于首阳山，采薇而食之。及饿且死，作歌。其辞曰：'登彼西山兮，采其薇矣。以暴易暴兮，不知其非矣。神农、虞、夏忽焉没兮，我安适归矣？于嗟徂兮，命之衰矣！'遂饿死于首阳山。由此观之，怨邪非邪？"③ 这里司马迁把孔子忽视的"怨"强调出来，体现了司马迁对个体生命情感的高度重视与尊重。由于司马迁高度重视与尊重个体生命情感，因此，司马迁笔下的人物传记常常渗透着强烈的情感就不难理解了。然而，情感的渗入势必会影响理性的思考。如在天人关系的认识上，司马迁抱有尊汉的思想情感，便说刘邦称帝是受天命、"得天统"，表示出相信天命的思想。出于对秦和蒙恬助秦为恶的反感之情，他针对蒙恬"我何罪于天，无过而死乎？""恬罪固当死矣。起临洮属之辽东，城堑万余里，此其中不能无绝地脉哉？此乃恬之罪也"④ 的感慨，批评道："吾适北边，自直道归，行观蒙恬所为秦筑长城亭障，堑山堙谷，通直道，固轻百姓力矣。夫秦之初灭诸侯，天下之心未定，痍伤者未瘳，而恬为名将，不以此时强谏，振百姓之急，养老存孤，务修众庶之和，而阿意兴功，

① 《史记·伯夷列传》，卷六十一，第2124～2125页。
② 《史记·伯夷列传》，卷六十一，第2122页。
③ 《史记·伯夷列传》，卷六十一，第2123页。
④ 《史记·蒙恬列传》，卷八十八，第2570页。

此其兄弟遇诛，不亦宜乎？何乃罪地脉哉？"① 又表示出不相信天命的思想。

从以上分析来看，造成司马迁政治思想矛盾的原因是多方面的。既有客观方面的原因，包括《史记》性质，即借"史"来表达"一家之言"，思想文化融合的时代背景以及受儒家理想政治与道家现实政治的影响；又有个人方面的原因，包括理性思考与感情冲动交织，身兼学者和官吏双重身份。对待司马迁理政思想的矛盾，我们应该采取实事求是的态度，对具体问题作具体分析，这样才能作出比较客观的评价，也只有这样，我们才能更好地理解司马迁的理政思想。

---

① 《史记·蒙恬列传》，卷八十八，第 2570 页。

余　论

　　秦朝灭亡，汉朝建立。怎样才能避免重蹈秦王朝灭亡的覆辙，就成了一个十分迫切的问题。然而，现实既难以为据，未来也不可知，于是鉴古知今的思潮便在汉初勃然兴起。在司马迁所处的时代，没有任何思想者谈政治而不借鉴历史的，所谓"不习为吏，视已成事"，"前车覆，后车诫"业已成当时人的共识。但当时的思想者借鉴历史一般并不求真，他们为了证明自己的观点，有时甚至于不惜歪曲历史。如在对秦朝政治的评判上，就有一个明显相互矛盾的史事认定。董仲舒否定法治，认为秦风俗的败坏是由于推行法治所致，"至秦则不然。师申商之法，行韩非之说，憎帝王之道，以贪狼为俗，非有文德以教训于天下也。诛名而不察实，为善者不必免，而犯恶者未必刑也。是以百官皆饰虚辞而不顾实，外有事君之礼，内有背上之心，造伪饰诈，趣利无耻；又好用憯酷之吏，赋敛亡度，竭民财力，百姓散亡，不得从耕织之业，群盗并起。是以刑者甚众，死者相望，而奸不息，俗化使然也。"① 刘安则认为法家实施法治是迫于秦国贪鄙的风俗，"秦国之俗，贪狼强力，寡义而趋利。可威以刑，而不可化以善；可劝以赏，而不可厉以名。被险而带河，四塞以为固，地利形便，畜积殷富。孝公欲以虎狼之势而吞诸侯，故商鞅之法生焉。"② 司马迁却与同时代的思

---

① 严可均辑《全汉文·（董仲舒）元光元年举贤良对策》，中华书局，1999，第 232 ~ 233 页。

② 何宁撰《淮南子集释·要略》，中华书局，1998，卷二十一，第 1462 页。

想者不同，他是在对史实求真纪实的基础上，来表达自己的政治思想的。也就是说，司马迁首先是一个史学家，其次才是一个思想家。汉代一般的思想者是以诸子中的某一家思想为主导，发表自己之理政思想的，并且，他们希望统治者按照自己的政治理念施政。司马迁则是以兼容并包的胸怀，兼取各家理政思想，描述各朝政治的终始，力图还原历史的本来面貌，以给统治者施政提供借鉴。

通经致用，学以济世，以实现治国、平天下的理想，是我国历代有志之士的共同追求，也是他们建立功业、酬报社会的途径。但这一点却造成了我国古代知识分子的双重性格。一方面，他们以弘道为己任；另一方面，他们又依附于政治。这就使得他们很难摆脱现实政治的影响，因此，他们也就很难对政治进行超越现实的哲理式的思考。司马迁自然也不例外。但司马迁受宫刑之后，他在成"一家之言"时，这种双重性格有所淡化，这使他能在忘怀个人利害得失的前提下求真纪实，表达思想。这是一个进步，但我们也不能因此而完全否定他作为知识分子所具有的双重性格。司马迁既是一个"弘道"的知识分子，又是一个服务于现实政权的臣民。不充分认识这一点，便很难对司马迁的思想进行比较客观的评价。

"所见世"和"所闻世"对司马迁的理政思想产生了很大的影响。秦施行暴政，仅十余年，王朝便轰然垮塌，社稷化为丘墟。汉王朝继秦之后，汉高祖拨乱反正，文帝和景帝推行无为政治，休养生息，盛世之景，已初现端倪；然而汉武帝继位之后，惩于汉初无为政治的缺失，施政以"欲"，他虽然功业有成，但致使天下骚动，民生凋敝：这就是司马迁"所闻"与"所见"之世及成"一家之言"的现实语境。这样的语境，对司马迁的理政思想产生了不可低估的影响，这突出表现在他对黄老政治的评价上。司马迁之所以对文景时代的黄老无为政治表现出明显的热情，就是因为文景时期处在秦朝暴政和汉武"多欲"政治之间。与秦朝暴政和汉武

"多欲"政治比较起来，黄老政治具有明显的优越性。当然，司马迁也清醒地认识到了黄老无为政治的弊端。能做到辩证地、不失偏颇地评判各家思想和历史人物在政治实践中的作用与意义，并切实地贯彻"贤者记其治，不贤者彰其事"之宗旨，以"究天人之际，通古今之变，成一家之言"，这是司马迁作为历史学家的突出优点。

司马迁撰写通史，便需追溯远古。但当他通观历史与现实时，对于国运兴亡的原因，便产生了困惑。他在《秦楚之际月表》中说："太史公读秦、楚之际，曰：初作难，发于陈涉。虐戾灭秦，自项氏。拨乱诛暴，平定海内，卒践帝祚，成于汉家。五年之间，号令三嬗。自生民以来，未始有受命若斯之亟也。昔虞、夏之兴，积善累功数十年，德洽百姓，摄行政事，考之于天，然后在位。汤、武之王，乃由契、后稷修仁行义十馀世，不期而会孟津八百诸侯，犹以为未可，其后乃放弑。秦起襄公，章于文、缪，献、孝之后，稍以蚕食六国，百有馀载，至始皇乃能并冠带之伦。以德若彼，用力如此，盖一统若斯之难也。"① 成败兴衰，决定于"力"，还是决定于"德"呢？抑或是决定于"天"呢？面对先秦诸子百家描述的古史系统、社会演进规律和政治理想，司马迁选择了以孔子为核心的儒家。司马迁对儒家勾画的社会蓝图，亦即"所传闻世"高度认同，大有"大道之行也，与三代之英，迁未之逮也，而有志焉"之感慨。从理想的角度看，儒家政治当属司马迁追求的理想政治，儒家所构想的社会当属司马迁理想的社会。

总之，在探讨司马迁理政思想时，最好能联系他所处的时代、他的政治立场、他的通史系统和古史观，以及他作为古代知识分子

---

① 郭逸等标点《史记》，上海古籍出版社，1997，卷十六，第596页。

所具有的双重性格等因素来综合考察，不过于拘泥于一些细节问题或具体理念，这样或许能得出比较合于实际的结论。如《史记》世家列《吴太伯世家》为首，列传列《伯夷列传》为首，有人认为，司马迁这样做的目的是表彰谦让思想，他们便以此为论据，来论述司马迁尊黄老道家思想。这样是很难有说服力的。因为谦让思想不仅黄老推崇，儒家也推崇。《左传》说："让，礼之主也。"①又说："卑让，礼之宗也。"② 刘子翚为了反驳司马谈的《论六家要指》，说："太史公以儒、墨、阴阳、名、法、道德六家，较其短长，而论其指要。夫儒何所不通哉？其论墨者曰强本节用，人给家足之道也。孔子曰，'与其奢也，宁俭'，则墨家之长吾儒之为也。其论阴阳家曰，叙四时之大顺不可失也。孔子曰'行夏之时'，则阴阳之长吾儒之为也。其论法家曰尊主卑臣，分职不相逾越，不可改也。孔子：'君命召，不俟驾而行'，则法家之长吾儒之为也。其论名家曰其正名实不可不察也，孔子曰'惟名器不可假人'，则名家之长吾儒之为也。其论道家曰使人精神专一，孔子曰'造次必于是，颠沛必于是'，则道家之长吾儒之为也。以是观之，则五家之长，吾儒通之明矣。其论儒者之短，则曰博而寡要，劳而少功，是以迹论儒也。孔子曰：'予欲无言'。然则所谓六艺者，果可以病儒哉？论儒之迹，而不论儒之道，非知儒者也。不蔽于一偏，不滞于一隅，以之治世，以之修身，无不可焉，兹所谓通儒也。"③ 从这段话可以看出，纠缠于细节问题或具体理念，是很难得出具有说服力的结论的。

---

① 阮元校刻《十三经注疏·春秋左氏传·襄公十三年》，中华书局，1980，卷三十二，第1954 页。
② 阮元校刻《十三经注疏·春秋左氏传·昭公二年》，中华书局，1980，卷四十二，第2029 页。
③ 刘子翚：《刘屏山先生文集》，卷四，清雍正八年重刻本。

　　司马迁的思想独特而又深刻，作为司马迁思想之载体的《史记》内涵丰富而又深邃，非真积历久，好学深思，不能窥其堂奥。限于我的学力、学识，本书肯定存在一些不足之处，又限于时间，有些问题没有展开论述，难免有挂一漏万之弊。现效野人献芹，呈上她，敬请各位方家赐教。

参考文献

专著 （按人名音序排列）

一 古籍部分

班固：《汉书》，中华书局，1997。

陈鼓应注译《黄帝四经今注今译》，商务印书馆，2007。

陈立撰，吴则虞点校《白虎通疏证》，中华书局，1994。

陈戍国点校《周礼·仪礼·礼记》，岳麓书社，1989。

陈戍国撰《尚书校注》，岳麓书社，2004。

程树德撰，程俊英、蒋见元点校《论语集释》，中华书局，1990。

崔适：《史记探源》，中华书局，1986。

范晔：《后汉书》，中华书局，1997。

方苞：《方望溪全集》，中国书店，1991。

顾馨、徐明校点《春秋公羊传》，辽宁教育出版社，1997。

黄汝成集释《日知录集释》，岳麓书社，1994。

管子：《管子》（诸子集成本），上海书店出版社，1986。

韩非子：《韩非子》（诸子集成本），上海书店出版社，1986。

何宁撰《淮南子集释》，中华书局，1998。

胡平生译注《孝经译注》，中华书局，1996。

贾谊：《贾谊集》，上海人民出版社，1976。

阎振益、钟夏校注《新书校注》，中华书局，2000。

孔子：《论语》（诸子集成本），上海书店出版社，1986。

陈鼓应注评《老子注译及评介》，中华书局，1984。

朱谦之撰《老子校释》，中华书局，1984。

梁玉绳：《史记志疑》，中华书局，1981。

列子：《列子》（诸子集成本），上海书店出版社，1986。

范文澜注《文心雕龙注》，人民文学出版社，1958。

刘知几、章学诚：《史通·文史通义》，岳麓书社，1993。

吕不韦：《吕氏春秋》（诸子集成本），上海书店出版社，1986。

孟子：《孟子》（诸子集成本），上海书店出版社，1986。

墨子：《墨子》（诸子集成本），上海书店出版社，1986。

牛鸿恩选注《战国策选注》，天津古籍出版社，1984。

钱大昕：《嘉定钱大昕全集·廿二史考异》，江苏古籍出版社，1997。

钱大昕：《潜研堂文集》，四部丛刊本。

钱大昕著，陈文和、孙显君校点《十驾斋养新录》，江苏古籍出版社，2000。

秦观：《淮海集》，四部丛刊本。

商鞅：《商君书》（诸子集成本），上海书店出版社，1986。

慎子：《慎子》（诸子集成本），上海书店出版社，1986。

韩兆琦评注《史记（评注本）》，岳麓书社，2004。

司马迁：《史记》，中华书局，1982。

苏舆撰，钟哲点校《春秋繁露义证》，中华书局，1992。

汪荣宝撰，陈仲夫点校《法言义疏》，中华书局，1987。

王充著，黄晖撰《论衡校释（附刘盼遂集解）》，中华书局，1990。

王利器校注《盐铁论校注》，中华书局，1992。

王利器撰《新语校注》，中华书局，1986。

王鸣盛：《十七史商榷》，商务印书馆，1959。

王聘珍撰：《大戴礼记解诂》，中华书局，1983。

王若虚：《滹南遗老集》，四部丛刊本。

王先谦补注《汉书补注》，书目文献出版社，1995。

王先慎撰，锺哲点校《韩非子集解》，中华书局，1998。

王应麟：《困学纪闻》，辽宁教育出版社，1998。

萧统编，李善注《文选》，中华书局，1977。

徐天麟：《西汉会要》，上海人民出版社，1977。

许慎撰，徐铉校定《说文解字》，中华书局，1963。

张觉校注《荀子校注》，岳麓书社，2006。

严可均编《全上古三代秦汉三国六朝文》，中华书局，1958。

严可均辑《全汉文》，商务印书馆，1999。

晏子：《晏子春秋》（诸子集成本），上海书店出版社，1986。

杨伯峻译注《论语译注》，中华书局，1980。

叶适：《习学记言序目》，中华书局，1977。

张烈点校《两汉纪》（上册），中华书局，2002。

叶瑛校注《文史通义校注》，中华书局，1994。

赵翼：《陔余丛考》，河北人民出版社，1990。

赵翼：《廿二史劄记》，辽宁教育出版社，2000。

周振甫译注《周易译注》，中华书局，1991。

朱熹集注，陈戍国标点《四书集注》，岳麓书社，1987。

陈鼓应注译《庄子今注今译》，中华书局，1983。

左丘明撰《国语》，齐鲁书社，2005。

二 近代以来部分

安平秋、阎崇东主编《史记论丛》第一集，陕西人民出版社，2004。

安平秋、张大可、俞樟华主编《史记教程》，华文出版社，2002。

卜宪群：《秦汉官僚制度》，社会科学文献出版社，2002。

陈来：《古代思想文化的世界》，三联书店，2002。

陈直：《史记新证》，天津人民出版社，1979。

程金造：《史记管窥》，陕西人民出版社，1985。

〔英〕崔瑞德、〔英〕鲁惟一编《剑桥中国秦汉史》，中国社会科学出版社，1992。

顾颉刚：《古史辨自序》，河北教育出版社，2000。

顾颉刚：《汉代学术史略》，东方出版社，1996。

顾颉刚：《中国上古史研究讲义》，中华书局，1988。

许维遹校释《韩诗外传集释》，中华书局，1996。

韩兆琦：《史记评议赏析》，内蒙古人民出版社，1985。

韩兆琦：《史记通论》，广西师范大学出版社，1996。

何清谷主编《司马迁与史记论文集》（第一辑），陕西人民出版社，1994。

侯外庐、赵纪彬、杜国庠、邱汉生著《中国思想通史》（第一、二卷），人民出版社，1957。

黄仁宇：《中国大历史》，三联书店，2007。

翦伯赞、郑天挺主编《中国通史参考资料》（何兹全主编：古代部分，第一册），中华书局，1962。

翦伯赞、郑天挺主编《中国通史参考资料》（何兹全主编：古代部分，第二册），中华书局，1962。

姜广辉主编《中国经学思想史》（第一、二卷），中国社会科学出版社，2003。

金春峰：《汉代思想史》，中国社会科学出版社，1997。

康乐、彭明辉主编《史学方法与历史解释》，中国大百科全书出版社，2005。

李波、李晓光：《〈史记〉索引》，中国广播电视大学出版社，2001。

李长之：《司马迁之人格与风格》，三联书店，1984。

李泽厚：《美的历程》，中国社会科学出版社，1984。

刘俊文主编《日本学者研究中国史论著选译·上古秦汉卷》，中华书局，1993。

刘俊文主编《日本学者研究中国史论著选译·思想宗教卷》，中华书局，1993。

刘俊文主编《日本中青年学者论中国史·上古秦汉卷》，上海古籍出版社，1995。

刘利等译注《左传》，中华书局，2007。

柳诒徵编著《中国文化史》（上卷），东方出版中心，1988。

〔日〕泷川资言考证，〔日〕水泽利忠校补《史记会注考证（附校补）》，上海古籍出版社，1986。

鲁实先：《史记会注考证驳议》，岳麓书社，1986。

庞天佑：《秦汉历史哲学思想研究》，中国社会科学出版社，2002。

〔韩〕朴宰雨：《史记汉书比较研究》，中国文学出版社，1994。

漆绪邦主编，牛鸿恩、张建业著《中国散文通史（先秦两汉部分）》，吉林教育出版社，1994。

钱穆：《秦汉史》，三联书店，2005。

钱穆：《史记地名考》，商务印书馆，2001。

钱穆：《国史大纲》，商务印书馆（上册），1995。

钱穆：《国学概论》，商务印书馆，1997。

钱穆：《两汉经学今古文平议》，商务印书馆，2001。

钱穆：《先秦诸子系年》，商务印书馆，2001。

任继愈主编《中国哲学史》（第一、二册），人民出版社，1985。

汪荣祖：《史传通说——中西史学之比较》，中华书局，2003。

王蘧常：《秦史》，上海古籍出版社，2000。

吴福助：《史汉关系》，台湾，文史哲出版社，1987。

吴荣曾：《先秦两汉史研究》，中华书局，1995。

司修武：《黄老学说与汉初政治平议》，台湾学生书局，1992。

徐复观：《两汉思想史》，华东师范大学出版社，2001。

徐复观：《徐复观论经学史二种》，上海书店出版社，2005。

徐兴海等主编《司马迁与史记论集》，陕西人民出版社，1995。

许嘉璐主编，安平秋副主编《二十四史全译》，汉语大词典出版社，2004。

阎步克：《士大夫政治演生史稿》，北京大学出版社，1996。

杨海峥：《汉唐〈史记〉研究论稿》，齐鲁书社，2003。

杨家骆主编《四史知意并附编六种》，鼎文书局，1976。

杨树达：《春秋大义述》，上海古籍出版社，2007。

杨燕起、陈可青、赖长扬编《历代名家评史记》，北京师范大学出版社，1986。

于迎春：《秦汉士史》，北京大学出版社，2000。

余英时：《中国知识阶层史论〈古代篇〉》，联经出版事业公司，1980。

余英时著，沈志佳编《余英时文集·第四卷·中国知识人之史的考察》，广西师范大学出版社，2004。

余英时：《士与中国文化》，上海人民出版社，1987。

俞樟华、邓瑞全主编《史记论著提要与论文索引》，华文出版社，2005。

袁仲一、张文立、张新科主编《司马迁与史记论集》（第三辑），陕西人民出版社，1996。

张传玺：《秦汉问题研究》，北京大学出版社，1985。

张大可、俞樟华等著《司马迁一家言》，陕西人民教育出版社，1995。

张大可：《史记文献研究》，民族出版社，1999。

张高评主编《史记研究粹编》（一、二），复文图书出版社，1992。

张亮采：《中国风俗史》，东方出版社，1996。

张涛：《经学与汉代社会》，河北人民出版社，2001。

张文立、吕培成、徐卫民主编《司马迁与史记论集》（第四辑），陕西人民出版社，2000。

张新科、俞樟华著《史记研究史略》，三秦出版社，1990。

张玉春：《史记版本研究》，商务印书馆，2001。

赵生群：《史记文献学丛稿》，江苏古籍出版社，2000。

周桂钿：《秦汉思想史》，河北人民出版社，2000。

朱东润：《史记考索（外二种)》，华东师范大学出版社，1996。

论文

安平秋：《〈史记〉三家注简论》，《史记论丛》，陕西人民出版社，2004。

白寿彝：《司马迁寓论断于序事》，《北京师范大学学报》1961年第4期。

陈桐生：《司马迁写老子》，《广东外语外贸大学学报》2000年第3期。

邓乐群：《秦汉时期炎黄崇拜的神人转换》，《北京大学学报（哲学社会科学版)》2002年第6期。

高光晶：《神农、炎帝和黄帝考辨——兼谈"炎、黄成为中国人祖先"的原因》，《湖南师范大学社会科学学报》1995 年第 2 期。

高振铎：《司马迁的"成一家之言"新解》，《贵州社会科学》1985 年第 5 期。

郭炳洁：《论〈史记〉中的"宣汉"思想》，《渭南师范学院学报》2005 年第 4 期。

韩兆琦：《关于〈史记〉的性质及其他》，《语文学刊》1994 年第 1 期。

纪晓建：《〈史记〉中道家思想占主导》，《株洲师范高等专科学校学报》2004 年第 3 期。

来新夏：《从〈史记〉看司马迁的政治思想》，《文史哲》1981 年第 2 期。

李炳海：《黄帝孕育神话的生成根据及文化意蕴——兼论哲学理念对神话创造的制约》，《齐鲁学刊》2004 年第 5 期。

李福燕：《简论司马谈对司马迁的影响》，《南平师专学报》2004 年第 1 期。

李桂民：《黄帝谱系的形成和演变析论》，《石油大学学报（社会科学版）》2005 年第 2 期。

林可济：《通古今之变，成一家之言——张世英关于"天人之际"问题研究》，《北京大学学报（哲学社会科学版）》2005 年第 1 期。

刘振东：《〈史记〉与司马迁之"愤"》，《人文杂志》1995 年第 5 期。

牛鸿恩：《司马迁经济思想评价管见》，《吉林师范学院学报（哲学社会科学版）》1993 年第 2 期。

牛鸿恩：《先入为主的主观体认——三驳所谓孔子作〈春秋〉

传》，《聊城大学学报（社会科学版）》2006 年第 1 期。

庆振轩、张馨心：《"发愤著书说"平议——古代文学争论热点研究之一》，《社科纵横》2006 年第 7 期。

任继俞：《司马迁的哲学思想》，《新建设》1956 年第 6 期。

沙志利：《〈史〉〈汉〉比较研究》，北京大学中文系，2005 届博士论文。

施丁：《司马迁写西汉官场风气》，《史学史研究》2001 年第 1 期。

石荣伦：《〈史记〉旨趣新说》，《淮阴师范学院学报（哲学社会科学版）》2004 年第 4 期。

孙钦善：《〈史记〉采用文献史料的特点》，《文献》1980 年第 2 辑。

孙锡芳：《〈史记·五帝本纪〉五帝说浅析——兼论先秦时代产生的两种五帝说》，《山西师大学报（社会科学版）》2006 年第 4 期。

田慧霞：《黄帝神话新考》，《中州学刊》2004 年第 5 期。

汪高鑫、廖燕娜：《再论司马迁的天人观》，《南都学坛（人文社会科学学报）》2006 年第 2 期。

汪高鑫：《司马迁"成一家之言"新论》，《安徽大学学报（哲学社会科学版）》2000 年第 3 期。

杨燕起：《司马迁关于"势"的思想》，《人为杂志》1983 年第 5 期。

应三玉：《试论〈史记〉三家注的价值及其影响》，《中国典籍与文化》2004 年第 3 期。

俞樟华：《司马迁"成一家之言"被冷落的原因试析》，《浙江师大学报（社会科学版）》1996 年第 4 期。

俞樟华：《宋人对〈史记〉的研究》，《浙江师范大学学报

（社会科学版）》1995 年第 4 期。

张家顺：《司马迁尊奉黄老论》，《中州学刊》1982 年第 5 期。

张京华：《子家司马迁与史家司马迁》，《河南科技大学学报（社会科学版）》2004 年第 3 期。

张连伟：《简论〈史记〉中的"黄老"》，《渭南师范学院学报》2004 年第 4 期。

张仲良：《司马迁的"功利观"》，《江淮论坛》1983 年第 2 期。

赵明正：《论司马迁的"一家之言"》，《云梦学刊》2004 年第 5 期。

左宏阁：《文史兼备，成一家言——从〈史记〉中看司马迁的写人标准》，《西北第二民族学院学报（哲社版）》1999 年第 1 期。

图书在版编目（CIP）数据

西汉传播语境中的《史记》研究：以"一家之言"为中心/
许抄珍著. —北京：社会科学文献出版社，2014.12
ISBN 978 - 7 - 5097 - 6724 - 5

Ⅰ.①西…　Ⅱ.①许…　Ⅲ.①中国历史 - 古代史 - 纪传体
②《史记》 - 研究　Ⅳ.①K204.2

中国版本图书馆 CIP 数据核字（2014）第 262760 号

西汉传播语境中的《史记》研究
——以"一家之言"为中心

著　　者 / 许抄珍

出 版 人 / 谢寿光
项目统筹 / 刘　娟
责任编辑 / 刘　娟

出　　版 / 社会科学文献出版社·全球与地区问题出版中心（010）59367004
　　　　　　地址：北京市北三环中路甲 29 号院华龙大厦　邮编：100029
　　　　　　网址：www.ssap.com.cn
发　　行 / 市场营销中心（010）59367081　59367090
　　　　　　读者服务中心（010）59367028
印　　装 / 北京季蜂印刷有限公司

规　　格 / 开　本：787mm×1092mm　1/16
　　　　　　印　张：13　字　数：168 千字
版　　次 / 2014 年 12 月第 1 版　2014 年 12 月第 1 次印刷
书　　号 / ISBN 978 - 7 - 5097 - 6724 - 5
定　　价 / 49.00 元